일상감성

발명이 아니라 발견이다
그렇게 일상이 된다

프롤로그

　　　　장래희망이 자주 바뀌기는 하지만 떡볶이집을 하거나 빵집을 하는 할머니가 되고 싶은 것이 꿈이다. 게으름을 일으키고 모르면 배우고 감정은 착실하게 다독이면 무엇이든 다 할 수 있을 것 같다. 떠오른 문장은 놓치지 않으려고 책상 앞에 오래 앉아있기도 한다. 요즘은 그렇다. 이제 그만 자책을 멈추기로 했다. 작가 자신의 지극히 내밀하고 솔직한 경험으로만 책을 쓰는 '아니 에르노'의 글을 읽고 이 정도의 솔직함으로도 책을 만들 수 있구나 싶어 용기를 얻었다가도 또 누군가의 문장 앞에서는 당연하게 포기하고 마는 그런 줏대 없음을 반복 한다. 처음처럼 절망하긴 하지만 호흡은 짧은 것이 다행이다. 이제 자책은 그만 멈추고 나의 문장들을 내어놓을 '살아온 시간'의 자격요건이 되었다고 생각한다.

　그동안 내내 일명 '감성살림가'로 나를 포장하고 근사한 밥상을 차려내는 일을 자랑스러워했지만 가끔 아니 자주 밥상 차리는 일이 재미 없어지기도 했다. 멋진 런웨이를 꿈꾸며 전공한 '패션디자인'은 이제 그만 벗어버리고 수석 졸업의 영광도 내려놓고 파우치와 에코백 등을 만드는 현실 바느질로 모양새를 바꿨다. 잘하는 것만 하지 말고 하고 싶은 것도 하다가 삶의 결이 현실과 맞아지는 소름 돋는 소소한 우연의 일상을 겪어내고 싶었다.

한참 어렸던 그때 길 가다가 사람이 많으면 딴 길로 돌아가는 것이 당연할 정도로 부끄러움이 많았다. 결석은 꿈도 꾸지 못하는 주제에 국어시간에 일어나 책 읽는 것이 싫어서 꾀병을 계획하기도 했다. 공식적으로 어른이 되어서도 비교적 멀쩡하다가 사람들 앞에 서면 마이크 든 손이 덜덜 떨려서 말하기도 전에 울었다. 이대로 심장이 멎어 죽을 수도 있겠다 싶었다.

그런 내가 언젠가부터 적지 않은 나이가 되면서 조금씩 책임감으로 부끄러움을 밀어내고 있다. 아주 가끔이지만 이제 진짜 어른이 된 건가 싶을 정도로 스스로가 대견하다. 대체로 눈을 질끈 감아버리면 될 일이거나 뒷일은 에라 모르겠다의 아주 사소한 일이기는 하지만.

마음은 어쨌든 단단해지고 육체는 조금씩 시간의 흐름에 정직해지고 사유는 적당한 선을 찾아간다. '일상'을 시간과 나이와 삶이라는 모양으로 살아가면서 아직 '오지 않은 미래'를 그려보며 오늘을 사는 법을 배운다. 그렇게 체득한 것으로 나를 이야기할 때 가장 많이 쓰는 방법은 기록을 남기는 것이다.

 글 사진 그리고 눈빛과 기억으로 기록한다. 글로 울고 글로 싸운다. 말로 풀지 못하는 단어를 일상에서 하나 골라 문장을 만들고 그 문장이 외롭지 않게 한 문장을 더 만들어 옆에 나란히 둔다. 문장이 둘이 되고 셋이 되어 마침내 열 마디 쯤 혹은 종이 한 장을 다 채우기도 한다. 길든 길지 않든 앞에도 뒤에도 가운데에도 더 이상 새로운 단어와 문장이 들어갈 틈이 없다 싶으면 한 편이 완성된다. 일상에서 하나도 버릴 게 없는 것이다. 그제야 일상의 페이지를 넘긴다.

 '저작권법에 따라 보호를 받는 저작물'로 출간된 두권의 책을 손사래치며 부끄러워하면서도 아무도 보지 않을 때는 사실 좋아한다. 블로그 등 sns에 남겨둔 글을 가장 든든한 자산으로 생각하고 '일상감성'이라는 제목으로 꾸준히 글을 남기고 있다. 글은 종이 위에 메모장 위에 한글 파일에 그리고 머릿속 원고지에 가득하다.

 그 글들을 모으고 글을 더 써서 책을 만들어야겠다고 생각한 날부터 오히려 글을 피해 다녔고 마음이 피곤해졌다.

　머릿속에 있는 글자를 꺼내 다시 종이 위에 혹은 화면으로 옮겨놓는 순간. 하지 않아도 될 일을 하면서 스스로를 피곤하게 만든 것 같기만 했다.

　하지만 '침묵과 느슨함'을 '길게 유지하는 자책'을 그만 끝내고 자발적으로 만든 문장을 내가 사는 세상에 내어놓는다. 따뜻한 혼자 허술한 고민 미적지근한 게으름의 하루가 모인 이것으로 한참이나 행복하고 자주 부끄러울 것 같다.

2020년 겨울 어느 날

차례

프롤로그 6
에필로그 189
Playlist 60
책방list 209

:::사유의 일상감성

일상을 감성한다 22
새벽에 비가 내려 일찍 눈이 떠졌다 28
지극히 바란다 30
철분제를 먹는다 34
혼자 떠나는 여행을 저축한다 36
사진으로 기록하다 42
날고 싶지만 44
여행정의 46
브람스의 인터메조 A Major Op.118 No.2를 좋아한다 48
마음에는 여러 개의 방이 있다 52
분노조절 54
라디오를 켠다 56
시간에 순행하고 싶다 62
소나기 64

:::기억의 일상감성

엄마는 우울증이다 72
평균 76
나는 거짓말을 한다 78
안 되는 것을 되게 하지 않고 82
떡볶이를 좋아한다 84
살림 편지1 88
살림 편지2 92
살림 편지3 96
혼자만 알고 싶지는 않다 100
시 104
여름을 좋아한다 106
카페인 108
사랑 110
시간을 준다 112
건강검진을 받았다 116
이별 120
느린 122

⋯문장의 일상감성

책방에 간다 130
책방에 부치는 편지 134
책을 읽는다 138
말보다는 글이 쉽다 148
글이 되는 말 152
영감을 얻기 위해 눈을 뜬다 154
불면증 158
쉽거나 어려운 159
좋은 말은 마음을 두드린다 160
좋은 사람도 마음을 두드린다 162
당부1 166
당부2 168
태풍이 몰고 온 비바람이 부는 오후 170
당부3 172
비교적 하찮은 이유에 행복해하는 경향이 있다 174
머리의 기억력은 믿을 수 없을 만큼 나쁘고 176
일상은 기적이다 180
당부4 186

눈빛에 쉽게 반하고 말에 눈치 보며
문장으로 가볍게 사랑하고
무겁게 글로 돌아온다

:::사유의 일상감성

일상을 감성한다

　　　　일상을 자주 감성한다. 나는 가끔 지나치게 감성적이라는 지적을 받곤 한다. 그 수위가 가끔 다른 사람이 나의 예민함을 측정하는 수단이 되기도 하지만 어쨌든 나는 좀 감상적이고 감성적이다. 이런 면의 나를 아직은 좀 좋아한다. 굳이 다른 사람의 인정을 받지 않아도 되는 혼자 간직한 재능이라고 해둬야지. 생각해보면 덕분에 이룬 일이 많아서 늘 감사하게 생각한다.

'감성'의 사전적 의미는 새삼 찾아보지 않았지만 나는 감성에게 '의미를 허투루 통상적으로 읽지 않고 예민하고 아름답게 부여하는 세상의 모든 사소하고 시답잖은 것'이라는 뜻을 부여했다. 내가 살아내고 있는 단어인 일상에게는 '매일매일 반복되는 일이지만 간절히 원하는 삶의 모양'이라는 뜻을 주었다.

살면서 힘겨울 때나 예상치 못한 일을 겪을 때 아무 일 없이 눈을 뜨는 아침이 얼마나 귀한 것인지를 깨닫기 때문이다.

살아내는 일상이 단 하루도 쉬운 날이 없었고 단 하루도 똑같은 날이 없었다. 단 하루도 손가락 사이로 흘려보내지 않았다. 하루도 거저 주어진 날이 없어서 매일 눈을 뜨는 아침이 부끄러울 정도로 기적이었다. 그 모든 것을 어떻게 다 증명해낼 수 있을까.

살아보니 일상은 선택의 영역이 아니었다. 일상 그리고 감성. 이렇게 두 단어가 만나 동사가 되고 명사가 된다. 일상이 감성을 설명하고 감성이 일상을 꾸며준다. 대체로 이 반려 단어의 용도는 지극히 평범하고 소소한 삶의 모양새를 나타내는 데 있다. 내가 매일 누리는 창작의 공식 명칭이고 글을 쓰는 공간에 카테고리의 소제목이기도 하고 sns에 남겨놓는 나만의 시그니처 해시태그다.

살아내는 모든 일을 이 단어로 통일시켜 버리니 내가 누리는 일상을 설명하기도 좋고 대놓고 폼 잡을 때도 유용하다. 이쯤 되면 '반려 명사'이자 '반려 동사'로 삼을 만하다. 일상감성으로 만들어놓은 울타리 안에서 나는 마음껏 내 것의 생각과 마음을 일상감성하게 풀어놓는다. 되도록 오래 곁에 두고 잊어버리지 않았으면 하는 마음의 단어다.

일상을 감성한다는 것은 가만히 누워서 오래 하늘을 올려다보는 일이다. 꽃이라도 볼 때는 예쁜 마음씨를 먹어보는 것이다. 물기를 머금은 밤은 무엇이든 쉽게 허락하는 법이라서 그런 밤에는 특히 기록을 남긴다. 일상감성이라고 제목 붙이고 보면 하나도 그냥 지나칠 것이 없다. 하늘이 파란 것도 계절 따라 피는 꽃도 당연한 것이 하나도 없는데 나는 그 당연한 것들 앞에 곧바로 감성해진다.

　손톱 달이 뜬 밤에는 절로 생각이 짙어진다. 가만 보면 날씨와 계절의 영향을 가장 크게 받는다. 많은 생각들 중 문장이 되어서 시가 되고 편지가 된 것도 있다. 결핍을 자기연민 삼지 않고 유쾌하지 않은 기억을 소재 삼는다.

　길어진 머리가 허리에 닿기 직 전 혼자서 어설프게 머리를 땋아놓고 거울을 보았다. 우리 엄마는 늘 바쁜 엄마라서 '머리를 곱게 땋아 학교에 가는' 소녀인 적은 없었지만 '어릴 적 나는 엄마가 머리를 촘촘촘 땋아주시는 동안 얌전히 기다리는 여자아이가 되고 싶었다. 그래서 5월의 장미 앞에서는 부끄럽지 않은 여자가 되고 싶은 것이다'라고 글을 써놓고 내 유년의 삶을 한참 토닥여주었다. 엄마의 돌봄을 살갑게 누리지 못하고 어른이 된 여자는 그렇게 감성적으로 살아내면 되었다.

　삶을 정상적으로 살아내고 사람을 겪어 내는 일에 특유의 성향과 성품이 바닥나면 일상감성을 소환해낸다. 포기하기 전에 이해를 위해 밤을 쏟아부어 고민했고 무심하고 성의 없는 말을 아껴 시간을 착실하게 벌어보았다. 어리석은 실수

를 수단으로 내가 누리는 일상을 소모시키지 않는다. 꿈으로 그럴싸하게 포장해서 근사하게 보이는 거짓말은 나의 일상을 갉아먹는다. 때로는 버겁기도 한 일상의 무게가 결국은 나를 버티게 해준다. 그때 필요한 것이 나의 그 단어였다.

  시인은 배부르면 시를 쓰지 못한다고 하지만 평범한 우리는 배가 고파도 시가 떠오르지 않고 태어날 때부터 결핍을 가졌다 해도 시인이 되기 어렵다. 대신에 일상 창작자이다. 당신과 나는 모두 일상 창작자이다. 문장이나 글로 게워내지 못한다 해도 살아내는 일상이 시가 될 수 있는 거다. 바라보는 마음과 겪어 내는 순간이 아름답게 보이는 시간을 살아내어야 한다. '발명'보다는 '발견'에 가까운 하루하루가 그래서 빛이 나기도 빛을 잃기도 한다.

  그런 이유로 나는 일상이 감상보다는 감성이 어울린다고 생각한다. 초를 켜고 빵을 굽는다. 집 안에 들어온 햇살을 몰아내지 않고 종일 동거하다 보면 하루가 길게 끝날 것이다. 다만 지금 나의 자리와 나의 시간에서 나의 일을 해나갈 것이다. 그리고 가장 고요하고 착한 시간을 골라 손을 모으고 마음을 다하여 기도할 것이다. 반복되는 내 소중한 일상이 꽤 멋지고 괜찮아 보이는 마법이다. 가만히 나에게 안부를 물어볼 수 있는 일상이 생각보다 꽤 가치 있고 아름답다.

새벽에 비가 내려 일찍 눈이 떠졌다

　　　　새벽에 비가 예쁘게 내려 일찍 눈이 떠졌다. 창틀에 톡톡 떨어지는 빗소리가 참 예쁘기도 하지. 소리는 나지만 새벽을 깨우지는 않는다. 어릴 적 달콤한 아침잠에 절대 깨지 않겠다는 일념으로 이불 속을 파고들었다.

　언제 눈을 뜨던 항상 나보다 먼저 일어나는 엄마는 부엌에서 꼭 달그락 소리를 내셨다. 나이 들면 이렇게 아침잠이 없어진다 하시면서 달콤한 수면을 방해하는 엄마가 밉기도 했다. 이제 내가 엄마 나이가 되고 보니 알겠다. 아침에 더 자고 싶어도 눈이 뜨인다는 것을. 이른 아침에는 부엌에서만 할 일이 있다는 것을. 소리를 내지 않으려 최대한 조심조심한다는 것도 알겠다.

　새벽. 냄비에 조용히 물을 받는다. 가스 불에 가만히 올리니 냄비도 조용히 물을 끓인다. 빗소리만 들리는 새벽이다.

　고양이 밥을 챙겨주고 고양이 화장실 청소를 하고 고양이를 쓰다듬어 주었다. 고양이 메이씨와 동거하지만 고양이를 좋아하지 않는다. 오래 키운 개를 잃은 기억 때문인지 고양이를 사랑하기가 자주 어렵다. 방문을 열고 들어와서는 자주 문을 닫지 않는 것이 밉다. 주방의 작은 창에 올라가는 고양이한테는 가끔 이성을 잃기도 한다. 그게 가장 어렵다. 햇볕에 반짝이는 고양이의 아름다운 털이 바람에 날려 내가 먹을 샐러드에 내려앉으면 마음의 평정심이 빛의 속도로 무너진다. 고양이 메이씨 제발 내 작은 주방 창에서 내려오세요 하고 바라는 일상이다.

몸이 말을 안 듣는 날에는 밀린 설거지에 눈길만 한번 준다. 비가 내리는 베란다 문은 아주 조금만 열어두었다. 빗소리가 좋으니까. 바닥이 차가워져서 발꿈치를 들고 걷는다. 냉장고를 탈탈 털어 어제 먹고 남은 빵으로 샌드위치를 만들어 차와 함께 아침을 먹는다.

매일 영어 단어 하나와 문장 하나를 알려주는 휴대폰 알람은 오늘도 열심이다. 내가 알고 있는 단어가 얼마나 되는지 확인하고 안도하는 용도의 알람이다. 외울 마음은 별로 없지만 그래도 맞춰 놓는 알람이다.

잠이 모자란 듯 한 아침이 느릿느릿하다. 느린 고양이와 자주 게으른 사람이 아침을 여는 이런 일상 괜찮다. 지극히 내 온도에 맞춰 긴 팔을 꺼내 입은 9월의 오늘이 행복하지 않다면 그건 좀 거짓말이다.

지극히 바란다

　　　　　지극히 무언가를 바란다. 갖고 싶은 것 앞에서는 간절함을 가져본 적이 없고 대체로 '하고 싶은 것' 앞에서는 그렇다. 열심히 하는 것보다 열심히 하지 않는 것이 더 어렵다. 행복할 확률이 높아지거나 낮아진다. 열심히 할지 말지 잘 생각해야 하고 지극히 바라는 일 앞에서는 속도를 조절한다.
　삶의 흐름에 따라 시시각각 변하는 상황보다. 더 시시각각 변하는 마음을 짚어보고 확인한다. 시간이 지날수록 '반드시'는 '그다지'로 바뀔 때가 가끔 아니 종종 있다. 내 마음에 가장 잘 속고 쉽게 속아주는 것은 바로 나이다.
　바라던 일의 간절함은 그렇게 모양을 바꾼다. 그 느낌에 포스트잇을 붙이거나. 그 느낌에 밑줄을 그어놓거나. 그 느낌에 책갈피를 끼워둔다 해도 그럴 것이다. 혹시나 안 된다고 할까 봐 내어놓지 못하고 펼쳐놓지 못하는 그것은 진짜가 아닐지도 모른다. 뭘 그리 과장되었냐고. 뭘 그리 호들갑이었느냐고. 다행인 것은 정작 그 간절함을 가졌던 마음이 나도 모르게 심드렁해질 때도 당황하지 않는다는 사실이다. 물론 느낌의 진실함을 믿고 마음의 원함에는 언제나 관심을 집중시킬 수 있지만 시간의 시각차! 공간의 거리 차이!를 두고 점검하는 것은 다행한 일이다. 그 느낌이 진실인 양 전부인 양 굴지 않게 되는 것도 다행한 일이다. 내 마음의 온도와 습도를 맞추고 면밀하게 그것을 찾아내는 것이 '지극히 바라는 일'을 검증하는 것이다.

그렇게 오랜 시간 마침내 검증받고 스스로에게 허락받고 통과되었을 때에야 비로소 정해진 마음의 속도를 따라간다.

시작했다 하면 추진력 하나는 뒤지지 않는 이유도 한몫한다. '하지 않을' 혹은 '하지 못할' 이유 열 가지 보다 '해야 할' 이유 한 가지가 이기는 때가 분명히 있고 그제야 시작하는 것이 맞다. 틀림이 없다.

지극히 바랐던 일 중 하나는 '미술'이었다. 넉넉지 않은 기정형편에 걸림돌이 되지 않으려고 어리지만 꿈을 잘 접어서 숨겨두었다. 졸업하면 바로 취직할 수 있는 고등학교에 진학했고 착실하게 공부해서 통근버스를 타고 회사에 다녔다. 그렇게 스물 서너 살의 어느 때, 잘 마시지도 못하는 술을 작정하고 진탕 마셨나 보다. 미대를 가기에는 말도 안 되게 늦어버린 나이였고 적성과 재능의 차이를 이미 알지만 마음만큼은 과했던 어느 날. 미대에 가고 싶다고 엉엉 울며 맨 정신으로는 말하지 못했던 진심을 다 쏟아냈나 보다.

딸의 묵혀둔 꿈을 뒤늦게 알게 된 엄마는 무조건 대학에 가서 마음껏 공부하라 하셨다. 지금 생각해보면 그때 엄마의 그 한마디가 아니었다면 그 후로도 오래 새벽에 통근버스를 타고 회사에 다녔을 것이다.

그렇게 몇 년간의 직장 생활을 그만두고 꼬깃꼬깃 접어두었던 재능에 기대를 걸고 미대 엇비슷한 의상학과에 입학했다. 회화과나 조소과나 서양화과가 아니었지만 의상학과도 좋았다. 커다란 화구통을 어깨에 메고 다닐 수 있어서였을까. 아무튼 조금 늦은 나이에 시작한 만큼 더 열심히 해서 4년 내내 장학금을 받고 취업도 일찍 했다. 내가 진짜 되고 싶었던 것은 미대생이었지만... 그렇게 인생에서 가지지 못한 것과 되어보지 못한 것에 미련을 가졌고 자의반 타의 반으로 지극히 바란 것을 시간을 돌아서 이루었다. 우리 엄마 아빠가 조금 더 부자였고 조금 더 포기했다면 나는 진짜 미대생이 되었을까 아직도 생각해본다.

이제야 알아간다. 원하는 것을 바로 얻는 삶보다 시간이 좀 걸리더라도 멀리 돌아서 누리는 지금의 일상이 더 괜찮다는 것을. 그토록 동경하던 진짜 미대생이 된 조카에게도 무한히 대리만족한다. 경력이 단절된 지금도 여전히 나는 '미술'주변을 어슬렁거린다.

  머리 싸매고 치열하게 창작하지 않아도 되는 '미술'에 더 재능이 있는 것 같다. 어릴 때 생떼를 부리고 미대를 갔다면 훨씬 많이 좌절했을 것이고 많은 사람이 힘들었을 것이라고 확신한다.

  힘을 내 열심히 해서 이루거나 완성할 수 있는 세상의 모든 일 앞에 힘을 빼는 것이 순리라고 생각한다. 지극히 바라는 여행 지극히 바라는 일 지극히 바라는 삶. 등등을 일상으로 인생으로 만나며 하루아침에 바뀔 마음에 속지 않으려 한다. 그러려면 삶을 살아내는 결이 되도록 느렸으면 좋겠다.

  빠른 속도 앞에서는 자신이 없다. 재능이나 적응력이 떨어지는 것에 보기 좋은 핑계를 대는 것일지도 모른다.
공평하게도 누구에게나 예측할 수 없는 삶의 일이므로. 마음에 드는 시간이 되도록 '오래'면 좋겠다. 지극히 바라는 일 앞에서 속도를 조절하는 이유이고. 되도록 반복해서 확인하는 이유다. 마음에서 머리까지의 거리도 조금은 멀리.
머리와 손 발의 거리도 조금은 멀리 두어보는 거다.

철분제를 먹는다

철분제를 먹는다.
내 나약함과 경솔함을 '철이 없다'는 말로 위장한다.
실컷 잘못하고 맘껏 저지르고 나서는
철이 없어서 그랬다고 하면 절반은 속아준다.
타고난 깡으로 버티는 것이 특기인데
가끔은 철이 없어서 힘들다.
결핍은 아프지만 아픔이 결핍은 아니니까.

혼자 떠나는 여행을 저축한다

      혼자 떠나는 여행을 자주 저축한다. 일상의 피로는 가끔 여행으로 풀고 여행의 피로는 꼭 일상으로 푼다. '혼자' 떠나는 여행을 좋아한다. 여럿이 가는 여행을 위해 저축하는 것보다 혼자 가는 여행을 위해 저축하는 것이 더 진심이다. 미안하지만 아이의 미래를 위해 돈 모으는 일 앞에서는 괜히 서글퍼지는 불량 엄마다. 모성애가 그 정도는 아닌 것인지. 고장 난 세탁기를 바꿔서 매일 하는 빨래가 힘든 일이 아니라 살림의 행복이 될 저축 앞에서는 지루하다. 진정한 살림꾼은 아닌 것인지.

  마트에서 장을 보고 남은 동전도 커피값을 내고 남은 지폐 한 장도 착실하게 모으는 이유는 모두 혼자 떠나는 여행을 위해서다. 동전 모아봤자 푼돈이지만 세탁기가 줄 미래는 너무 멀어 보이고 여행을 고대하는 인내심은 무제한이다.

  혼자서 짠 패키지여행이 늘 대기 중이다. 세수만 겨우 하고 바로 떠나는 여행도 일상에서 늘 대기 중이다. 그런 저축을 한다. 오래된 버스를 탈탈탈 타고 홀로 외딴 정류장에 내릴

차비를 저축한다. 운전을 할 수 있지만 버스 여행은 기억에 오래 남는다. 시간과 불편함으로 기억을 산다. 허름한 식당에 혼자 주뼛주뼛 들어가 의자를 소리 내지 않고 끌어다 앉고 존재감을 최대한 낮춘다. 호기롭게 '여기 김밥 하나 떡라면 하나 주세요'를 외칠 밥값을 저축한다. 혼자 먹기에는 많지만 둘 중에 하나만 선택하기에는 저축한 돈도 많을 것이고 둘 다 포기하기에는 아까운 메뉴다.

신고 갔던 낡은 샌들이 드디어 여행길에서 예고된 듯 떨어져 버릴 것이다. 계획에 다 넣어두었다. 근처 재래시장에서 촌스럽지만 최선인 샌들을 살 돈을 저축한다. 잔고가 두둑하니까 브랜드 흉내를 표나게 낸 운동화도 괜찮겠다. 새 신발을 신고 또 오래 걷는다. 대문 색깔에 반해서 예약한 숙소로 느리게 걷는다. 이불과 베개에서 깨끗한 냄새가 나는 작은방에서 늦은 밤의 풀벌레 소리를 들을 숙박비를 저축한다.

매일 혹은 가끔 잔액을 확인하며 여행의 설렘을 저축한다. 반짝이는 순간을 담아낼 마음의 공간을 비워둔다. 여행지에서 아파서 동네 산책도 포기하고 누워버리지 않기 위해 체력도 저축해둔다. 동네 할머니에게 건넬 인사도 여러 가지 버전으로 준비해두었으니 썩힐 수 없지.

비행기 타고 여권에 스탬프 찍으러 가는 여행도 저축한다. 해외로 혼자 떠나는 여행은 특별히 결단이 필요하지만 그 정

도로 용기가 없지는 않으니까. 일등석에 앉아서 길게 잠을 자고 나면 도착하는 곳이어도 괜찮겠다. 안대를 벗고 옆에 앉은 영국 남자사람을 몰래 훔쳐볼 용기도 저장해두었다. 쉬울 것 같지만 용기가 필요한 일도 있다.

 휴대폰 속에 음악을 너무 많이 구겨 넣어서 무겁지만 여행 없는 음악은 음악 없는 여행보다 조금 더 끔찍하니까. 혼자 하는 여행에서는 머쓱함 방지용이라서 아주 유용할 것이다. 돈을 저축하듯 음악도 여행 전에 저축해둔다. 늘 듣던 음악도 여행 안에서 들을 때는 이 곡이 그 곡이었나 할 때가 많기 때문이다.

    때로는 무겁고 거추장스러운 DSLR 카메라로 여행이 무거워질 때도 있다. 그러나 돌아가면 꽉 찬 메모리카드 정리하면서 또 여행한다. 혼자서 쑥스럽게 찍은 사진들을 모아서 동네 사진관에 가지고 간다. 반짝이는 인화지에 사진으로 출력할 비용도 여행경비에 다 포함시켰다.

    혼자 떠나는 여행은 상상만 해도 만족스럽다. 발바닥이 간지러울 정도로 좋다. 혼자 하는 여행이 좋은 이유는 백만 가지이고 동행이 있는 여행이 좋은 이유는 백만 한 가지로 하나가 더 많다. 그럼에도 혼자 떠나는 여행에 마음을 더 준다.

    혼자서는 일상을 살아갈 동기도 의지도 잃어버리게 되는

때를 생각해본다. 일상에서는 누군가가 꼭 필요한 순간이 여행보다 훨씬 많다는 것을 안다. 여럿이 떠날 수 없어서 혼자 떠나는 것이 아니다.

 스스로 혼자가 될 때와 타의에 의해 혼자가 될 때를 착각할 확률이 있다. 익숙함과 길들여짐의 덫에 걸려서 그것을 '외로움'이라고 써버리는 실수를 하지 않으려 한다. 그래서 혼자 떠나보는 여행이다.

 여행은 생각을 바꾸게 하는 사건이며 마침내 생각을 끝낼 수 있는 사건이며 비로소 일상으로 돌아갈 수 있는 사건이다. 원래로 되돌아가는 여정이 언젠가는 반드시 필요한 것이고 그것이 여행이라는 것을 안다.

 여행을 저축한다. 그래야 일상처럼 잘 떠날 수 있고 여행처럼 살아갈 수 있을 것이다.

사진으로 기록하다

사진 잘 찍는 방법은 이렇다.
조리개와 셔터스피드와 감도 이 세 가지는 기본이다.
조리개의 개방 크기에 따라 적정 셔터스피드가 달라진다.
감도를 높게 설정하면 셔터스피드가 안정적이지만
사진을 확대해보면 노이즈가 있을 수 있다.
심도와 화이트밸런스는 알아두면 좋다.
이렇게만 찍으면 어느 정도 괜찮은 사진을 찍을 수 있다.

하지만 사진이 보이는 대로 찍힐 리 없다.
보이는 대로 찍히면 좋을 텐데.

날고 싶지만

날고 싶지만 새가 되고 싶지는 않다.
잘하고 싶지만 최고가 되고 싶지는 않다.
사랑하고 싶지만 정신 못 차리게 바보가 되고 싶지는 않다.
여행 떠나고 싶지만 일상을 불평하며 살고 싶지는 않다.
내 것을 챙기고 싶지만 욕심쟁이가 되고 싶지는 않다.
다 알고 싶긴 하지만 적당히 헛똑똑이가 되고 싶다.
인정받고 싶지만 혼자만 행복한 사람이 되고 싶지는 않다.
먹고 싶지만 배불러서 둔해지고 싶지 않다.
보고 싶지만 참았다가 가슴이 쿵쾅거리고 싶다.
부자가 되고 싶지만 가난을 통해 배우고 싶지 않다.
불편함으로 행운을 배우고 싶지 않다.
죽음을 통해 삶을 배우고 싶지 않고
아프기 싫지만 겸손함을 모르고 싶지는 않다.
참을 수 있지만 나도 어쩔 수 없는 사람이라고
고삐를 풀어주고 싶다.
되돌아가고 싶지 않지만
선택을 앞둔 불면의 밤을 가끔은 허락하고 싶다.

여행정의

시간과 비용에 적절한 움직임이 있어야 수지타산이 맞을 것
같아서 여행을 가면 부지런을 떨게 된다.
아침에 일찍 일어나고 최대한 많이 구경하고 배가 불러도
맛은 꼭 봐야하고 늦게 자야 본전 생각이 안날 것 같다.
하지만 곧 알게 되었다.
그것이 좋은 여행이 아님을.
조금 게으른 여행이 만족도가 높다.

여행 중 아침은...
뒹굴거리며 늑장 부리는 법
씻었다가도 다시 침대로 들어가는 법
조식 먹고 또 자는 법

온기를 품은 단어 하나를 여행하다 발견하면
내내 그것으로 충분하다.

브람스의 인터메조 A Major Op.118 No.2를 좋아한다

　　브람스의 인터메조 A Major Op.118 No.2를 좋아한다. 잔잔하게 흐르는 듯하다가도 클라이맥스가 있고 강하게 휘몰아치다가도 마음을 다독여주는 아름다운 곡이다.

　　이 곡은 영화 '피아니스트 세이모어의 뉴욕 소네트'(seymour, 2014)에서 잔잔히 흐르는 피아노곡이다. 영화 내용은 유명한 피아니스트인 세이모어가 최고의 자리에서 떠나 젊은 피아니스트들에게 재능을 나눠주는 이야기이며 인생을 바라보는 따뜻한 시선이 담겨있다. 할아버지가 된 피아니스트의 말 한마디 한마디가 주옥같고 함께 어우러지는 클래식 음악이 조화롭다.

이 영화가 좋아서 계절에 한 번씩 보게 되는데 어떻게 내 삶에 들어왔는지 생각해보았다. 누군가의 영화 소개 글을 보고 알게 되었다. 그 누군가인 그녀는 우연히 알게 된 허브차 원데이 클래스의 일일 강사였다.

　　그녀는 알고 보니 [불안과 경쟁없는 이곳에서]라는 책을 쓴 작가였고 그녀의 sns를 팔로우하다가 허브차 클래스를 알게 되어 다녀온 것이다.

그녀가 sns에 소개한 영화를 꼭 챙겨 봐야겠다고 메모해두고 한 달 뒤에 보게 되었다.

첫 장면부터 반해버려서 좋아하는 영화 목록이 갱신되었다. 영화를 소개한 그녀를 처음 알게 된 것은 전부터 알던 작은 카페에서 판매하는 허브차를 통해서다. 그녀가 블렌딩한 허브차를 파는 카페였던 것이다. 소박한 허브티의 맛이 그녀의 sns 계정을 찾게 해 주었다.

그녀의 허브차를 파는 작은 카페는 오래전 경북 봉화로 여행 가던 중에 우연히 들른 곳이다. 한적한 곳에 있던 그 곳은 카페라고 하기에는 세상과 거리가 있어 보여 따뜻한 기억을 준 곳이었다.

천천히 내린 커피 한 잔과 카페 주인의 미소가 오래 기억에 남았다. 봉화에 있던 카페는 2년 뒤 서울의 한 동네로 이사를 한 후 다시 문을 열었고 그것을 기억해두었다가 어느 날 일부러 찾아갔다. 아주 추운 날이었고 오래된 동네의 익숙하지 않은 길을 헤매긴 했지만 조바심 내지 않고 찾아낸 카페는 같은 장소가 아니었음에도 반가웠다. 얇은 종이에 날씬한 글씨로 적어놓은 '들어오세요'가 고마웠다. 2년 전에 보았던 얼굴을 기억해내는 카페 주인이 같은 미소로 반겨주었다.

2년이 지났지만 2년 전이었다. 그렇게 짧고도 긴 인연을 만들어 준 2년 전 봉화 여행은 어쩌다 가게 되었는지 떠올려보았다. 봉화를 향하는 그 여행은 온라인상의 블로그 이웃이 운영하는 펜션으로 향하는 것이었다.

 옆집에 사는 이웃이 아니지만 이웃이라는 온라인 호칭으로 소통하는 그녀가 운영하는 펜션에 꼭 한번 가보고 싶었다. 새벽마다 구름이 움직이는 것을 볼 수 있는 그 숨은 동네가 보고 싶었고 그녀의 예쁜 손으로 소박하게 운영하는 그곳에 가고 싶었다.

 떠나는 전 날 밤에 생각으로 채비하고 아침이 되어 갈아입을 옷을 주섬주섬 챙겨 떠난 짧은 여행이었다. 추운 겨울 입김이 보이는 그곳의 온도가 아직 만져진다. 낮은 듯 높은 곳에 있는 펜션의 작은방이 그에 비해 참 따뜻했다. 마당에 추운 듯 서있던 매실나무에 작은 싹눈이 만져지는 것을 보고 다음 계절에도 다시 꼭 들러야겠다고 생각했다. 아직 다시 가지 못했지만.

 그 펜션을 운영하는 그녀는 원단 업체의 작가로 활동하면서 알게 되었다. 그녀와 나를 포함한 몇 명의 블로거는 원단 회사에서 디자인하고 만들어낸 패브릭을 사용하고 블로그에 후기를 올리는 일을 했었다. 홍보를 맡은 우리는 '착한그녀'라는 이름으로 불리었다. 그 회사는 바느질을 한다면 누구든 다 아는 아주 예쁜 원단을 잘 만드는 곳이다.

원단으로 작은 파우치를 만들기도 하고 때로는 입고 싶었던 디자인으로 블라우스를 원피스를 만들기도 했다. 좋아하는 바느질을 하면서 원단도 마음껏 사용할 수 있는 그 취미가 좋았다. 바느질은 블로그를 시작하면서 기록을 남기다 보니 일상 속에서 숙제처럼 즐기게 된 취미다.

　대학에서 의상을 전공하면서 필수였던 재봉 능력이 일상을 채우게 될지 사실 몰랐다. 지금 사는 곳으로 이사 와서 아는 사람이 아무도 없다 보니 뭐라도 해야겠기에 가장 만만한 최근의 기술이 도움이 되었던 것이다.

　그러니까 외로워서 시작한 바느질이었는데 지금은 외롭지 않다. 생각해보니 외로움이 브람스의 인터메조 A Major Op.118 No.2가 되었다. 외로움에서 브람스까지 걸린 시간이 12년이다.

마음에는 여러 개의 방이 있다

 마음에는 여러 개의 작고 오래된 방이 있다. 그 방들에는 각각 주인이 있다. 누군가 새롭게 만나면 내 마음에다가 그 사람만의 방을 만든다. 방 주인이 떠나도. 새로운 방이 자꾸만 생겨나도. 없어지거나 좁아지지 않는 그런 방이다.
 이 방의 짐을 꺼내어 다른 방으로 옮길 수 없다. 오로지 제 방의 모습으로 당신과 만난다. 솔직한 것은 어려워 보이지만 사실 가장 쉽고 아름다운 것이다. 그것을 알게 되려면 꽤 오래 보아야 할 것이다.
 사람은 자신 없을 때 꾸미기 시작한다. 연약함으로 포장하는 비열함을 가졌으므로 사람이다. 진심은 어느새 최선을 다해서 감춰지고 겉모습에 더 집중하게 된다. 진짜인 줄 알고 다가갔다가 가끔 실망하고 다치는 이유다.
 사랑받는 것과 사랑하는 것의 차이를 모르지 않으나 사실 사랑을 받는 쪽이 더 편하고 당연하게 여겨졌으리라. 더 많이 사랑하면 더 행복하다는 깨달음으로 일관성 있게 삶을 살아내기에는 가끔 다정하지 않은 세상을 살고 있다.

가능하면 솔직하게 허락한다면 진심으로 대하는 것이 사람을 만나는 나의 본능이다. 그것이 먹힐 때도 있고 안 먹힐 때도 있으며 과분한 것을 받을 때도 손해 볼 때도 있다. 손해 보는 것은 주로 마음이지만.

그럼에도 사랑을 잘하는 사람 찾아내기가 가끔 쉬워서 다행이다. 속도가 달라도 괜찮다. 취향이 달라도 상관없다.

마음속에 간직한 당신의 방을 열어 보여주는 사람이라면 그 사람이다. 그 생각을 믿어보고 진짜 사랑할 줄 아는 사람과 함께 살기를 바란다. 그런 사람을 가진 당신과 나이기를 바란다.

분노조절

분명 같은 인물인데
그에게 분노하지 않는 방법을 딸에게 배웠다.
어느 날 '자기에게 살갑지도 않은'
오빠의 더러운! 방을 들락거리더니
"새 방이라니까~ 아주 호텔이야~"
이렇게 말하면서 나온다.
물티슈로 휘적휘적 책상을 닦고
침대 이불을 모서리에 맞춰 펼쳐놓았다.
나도 그렇게 해봐야지.
나도 그렇게 반복적인 분노 앞에 심호흡을 하고
휘적휘적과 모서리 그것을 해봐야지.

라디오를 켠다

　　매일 라디오를 켠다. 생을 통틀어 이별하지 않고 가장 오래 곁에 두는 그것이다. 아침에 일어나 잘 떠지지도 않는 눈으로 제일 먼저 하는 일은 라디오를 찾는 일이다.
　아이들 깨울 때는 볼륨을 올려놓고 시끌벅적한 분위기를 만든다. TV가 나오는 부산스러운 아침보다 라디오가 나오는 따뜻한 아침이 예쁘다. 라디오가 방송되는 중간중간 나오는 CM송의 가사는 어쩌면 그리 귀에 쏙쏙 들어오는지 인기가요보다 멜로디를 빨리 외운다. 종일 흥얼거리고 저녁밥을 먹다가도 생각날 정도다. 아침이 바빠서 안 듣는 것 같아도 DJ의 농담에 동시에 모두 웃는 것을 보면 듣는 거다. 귀는 바쁘지 않으니까. 로션을 바른 말간 얼굴로 학교가는 그런 내 아이들이 예쁘다.

어릴 때부터 들었으니 라디오가 나를 키웠다. 언니와 늘 한 방에 살았으니 이어폰으로 오래 듣다가 망가진 귀는 지금도 지병으로 안고 있다. 엽서도 보내고 편지도 보냈던 아날로그

한 옛날 라디오 프로에서는 사연이 소개되기도 하고 선물을 받기도 하고 그랬다. 나의 글쓰기는 아마 그때부터 시작되었을 것이다.

  나의 모든 일상 속에서 그리고 인생 속에서 음향 담당은 언제나 라디오였다. 학교 음악시간에서보다 음악을 더 많이 배우고 들었으니 라디오가 음악 선생님이다. 쇼팽과 브람스를 배웠고 메탈리카와 류이치 사카모토를 동시에 좋아했고 말러와 루시드 폴을 왔다 갔다 했다. 다소 통일되지 않은 음악 취향은 라디오 때문이다.

  도덕이나 문학도 라디오로 과외를 했다. 라디오에서 소개하는 남들 사연을 듣다가 혼자 살아가는 할머니의 마음을 알고, 평생 아침마다 같은 곳에 출근하는 중년 남자의 먹먹함도 알게 되고, 식구들 모두 등교시키고 출근시킨 주부의 소소한 일탈에도 공감한다.

  지금이야 흔하지 않지만 예전에는 시를 읽어주는 라디오였다. 윤동주와 영국의 낭만파 시인을 자주 만났다. 라디오에서 인생을 무료로 배웠다.

삶이 치열해서 라디오가 있는 일상을 떠나본 적도 있다. 남자친구가 생겨서 밤새 통화하느라 라디오를 잊은 적도 여러 날이다. 남자친구와 헤어져서 밤새 눈물 흘리느라 라디오를 밀어버린 적도 여러 날이다. 라디오 모르게 혼자 떠났다가 혼자 돌아오기도 하는 것이다.

그렇게 떠돌다가 돌아와도 라디오는 언제나 그 주파수에 그대로 있다. 1년 365일 문을 열어놓는 동네 구멍가게 같은 라디오가 언제나 그 자리에 있다. 군말 없이 곁을 지키는 남자 같고 밥때 되면 밥 차려놓고 부르는 할머니 품 같다. 왜 그동안 오지 않았느냐고 따지지 않아서 좋았다. 지친 마음을 그냥 거기 두면 되었다.

마음이 다쳐서 밤을 지새우는 날에는 심야 프로도 끝이 나서 동해물과 백두산이를 듣기도 한다. 삐- 소리까지 오래 틀어놓았다. 백색소음도 라디오에서 나오면 그게 또 위로가 되는 날도 있다.

그렇다 보니 늘 듣는 라디오 프로와 정이 들 수밖에 없다. 오래 듣던 라디오 프로에서는 여러 명의 DJ들을 떠나보내고 또 새롭게 만난다. 매일 목소리로 만나는 사람을 떠나보내는 일이란 결코 가벼운 일이 아니다. 그것도 이별인데 쉬운 이별이 어디 있나. 새 DJ가 온 날은 강제로 혼례를 치르는 새색시처럼. 절대 풀어지지 않겠다고 결심하고 토라진 아이처럼. 마음에 반항심이 가득하다.

습관이 들어 라디오 주파수를 돌리지도 못하고 듣는다. 몇 날 며칠을 DJ 멘트 끝에 꼬박 말대꾸를 해가며 듣기는 듣는다. 적응 기간이 끝난 어느 날부터는 언제 그랬냐는 듯 줏대도 지조도 없이 또 기분 좋게 출근도장을 찍는다. 바뀐 시그널 음악은 어찌나 그리 귀에 쏙쏙 들어오는지 바뀐 DJ 목소리가 벌써 익숙해진다. 그만둔 DJ에게 미안한 마음을 품기도 한다. 라디오를 향한 사랑과 신뢰다.

  라디오를 켠다. 매일 아침 라디오를 켜놓고 밥을 먹으며 듣고 장소를 옮겨가며 듣고 글을 쓰며 듣는다. 이렇게 매일 라디오를 들을 수 있는 일상이라 좋다.

Playlist ▶

사랑을 잘 하다가도 이별이 하고 싶을 때는
MyQ의 **일년 후**(ft. 요조)를 듣는다.
가만히 누워서 공연장에서 느끼는 고독을 상상할 때는
Queen의 **Love of My Life**(Live at Wembley-1986)를 듣는다.
MyQ의 **며칠째**를 듣는다.
욕심내지 않기로 했는데 이기적인 마음이 들 때는
Leon Bridges의 **Beyond**를 듣는다.
행복하고 기뻐서 미칠 때는 슬픔이 소외감 느끼지 않게
'Sing Street' ost 중에서 **To Find You**를 듣는다.
바보 같았던 나를 혼내주고 싶을 때는
Lianne La Havas의 **Starry Starry Night**를 듣는다.
누가 들어도 가을 분위기인 Rod Mckuen의 **You**는
꼭 겨울밤에 들어야 한다.

Radiohead의 **Thom Yorke**!
Creep에 그의 rock spirit이 충만하니까
가끔 미치고 싶을 때 듣는다. 톰멘!!
Michael Carreon의 **The Simple Things**를 처음 들었을 때의 하루가 참 아름다웠다.
딱딱해진 심장을 두드려주고 싶을 때는
Sun Rai의 **San Francisco Street**를 듣는다.
가수가 남자라는 것을 알고 놀라는 것을 보고 싶을 때는
Cigarettes After Sex의 **Sweet**를 들려준다.
어쨌든 첫 번째 곡은 Sergio Mendes의 **Let me**이다.
Karen O의 **The Moon Song**은 꼭 달이 잘 보이는 자리에 앉아서 이어폰으로 들어야 제대로다.
거기에 Debussy의 **Clair De Lune**을 더한다면 그날은 달을 섭렵하는 거다.

좋은 이유를 다 설명할 수 있다면 가짜다.

시간에 순행하고 싶다

시간에 역행하지 않고 순행하고 싶다.
계절이 휙휙 가버리는 모습에 놀라지 않고
아이가 커가는 모습이 슬프지 않고
부부의 애정이 그냥 '정'으로 바뀌는 것에 절망하지 않고
흰머리에 호들갑 떨지 않고
불치의 건망증에 심각해지지 않으려 한다.
건망증은 원래 불치병이라고 배웠다.
특히나 할 말을 곰방 까먹고
단어가 생각나지 않아서 눈빛이 멍해진다.
한참 후 불현듯 길게는 하루가 지나서야 생각이 나면
둥둥 떠다니는 깃털 하나를 겨우 잡아낸 것처럼 피곤하다.
나의 시간이 나의 기억을 잡아먹지는 않아야 할 텐데…
그래도 순리를 거스르지 않고 잘 살아내고 있다고
스스로를 토닥인다.
그렇게 누가 보아도 지극히 자연스럽게
시간을 받아들이고 싶다.

살아온 시간들이 점점 능력치가 되어
여유를 가지고 바라보게 되었다.
젊음이 부럽다거나 능력과 환경을 행운시 한다거나
앞으로 누릴 시간에 경쟁심이 들지 않는 이유다.
그래서 청춘들을 응원하고
따뜻한 시선으로 바라볼 수 있는
어른이 되어간다는 뜻일지도 모르겠다.
애쓰던 애쓰지 않던 시간은 누구에게나 공평한 것이고
그런 시간이 나에게도 허락되었음을 안다.
시간에 순행하고 싶다.

소나기

한낮에 소나기가 내렸다.
소나기가 온다는 예고도 없이 비를 가득 맞았다.
소나기 같은 기억을 지우는 것이
세상에서 가장 어렵다고 생각중이다.
나의 많은 시간들과
나의 많은 장소들과
나의 많은 생각들 중에서
그것만 골라내는 것이 어렵다.
후두둑 후두둑 내렸던 소나기가 남긴 자욱이
오래오래 지워지지 않았다.

:::기억의 일상감성

엄마는 우울증이다

　　　　엄마는 심한 우울증이었다. 이 문장은 평생 내 옆에 붙어서 살고 있다. 아름다운 풍경을 보거나 기분전환으로 사라지는 작은 우울이 아니라 심각할 때는 식구들도 못 알아보는 심한 우울증이다.

　행복한 이유는 대부분 비슷해도 불행한 이유는 저마다 다르듯 어떤 날은 아무렇지도 않다가 어떤 날은 세상에서 가장 큰 불행을 안고 태어난 사람 같다 내가.

엄마의 우울증은 열네 살 나에게 본격적으로 영향을 주기 시작했다. 사실 엄마의 어려운 결혼생활 그보다 더 어려운 시집살이 아니 그보다 더 어려웠을 결혼 전부터 품어졌던 우울증일지도 모르겠다. 어쨌든 내가 자각하게 된 것은 그때부터다. 엄마의 '자살시도' 목격자가 된 정확히 그날부터였다. 엄마의 우울증은 그녀를 다섯 살 아이로 만들기도 하고 세상에서 가장 무서운 괴수로 만들기도 했다.

　어린 손자에게 형부라고 부르고 설거지를 하다가 얼굴이

빨개지도록 깔깔거리며 웃기도 하는 엄마를 겪어내는 일상은 늘 위태로웠다. 엄마는 가해자이면서 피해자였던 것이다. 작은 숟가락으로 젤리를 떠내듯 그 시절의 기억을 그렇게 버리고 싶었으나 '절대' 그렇게 될 리 없다는 사실을 살면서 깨달았다.

　기억에는 예외가 있기도 없기도 했다. 나는 엄마의 우울증 목격자도 우울증의 가장 가까운 피해자도 원하지 않았다. 지워지지 않는 '기억'을 원망하며 혼자 참 많이도 울고 절규했다. 공식적으로 성인이 되어서도. 그래서 내 감정을 스스로 책임져야 할 어른이 되어서도. 누군가의 보호자가 되어서도 그랬다. 우울증의 우울에게 나를 내어주기에는 가까이에서 본 엄마의 삶이 참 무서웠다.

　사실 엄마는 그렇게 가족을 지키기 위해 그리고 스스로를 지켜내기 위해 내면의 우울증을 오랜 세월 꾹꾹 참아냈던 거다. 생계를 책임지는 일 뿐만 아니라 뜨개질을 포함한 손으로 만드는 세상의 모든 것들이 엄마가 할 '일'이었다. 손도 쓰고 머리도 쓰다 보면 생각에 집착하지 않게 되고. 그러면 '정신'을 놓지 않게 될 거라는 엄마의 고집이었다.

　나는 그래서 엄마의 '뜨게'가 아프다. 늦은 밤 잠결에 들리던 엄마의 눌려진 울음소리가 그랬고 때로는 가족들에게 폭력적으로 휘두르는 감정이 그랬을 것이다. 그것을 깨달았을 때는 이미 나는 어린 시절 상처를 그대로 품고 있는 어른으로 자라는 중이었다. 늘 눈물을 달고 살았고 눈뜨면 엄마가 사라질까봐 눈도 제대로 못 감고 살았던 것 같다.

언제나 나약해빠진 정신을 가진. 아직 자라지 못한 아이를 품은 겉만 어른이었다. 스스로 생각하기에 그런 시한폭탄 같은 나는. 혹여나 가족이나 타인에게 피해 주는 일을 하게 될까봐 스스로를 꽁꽁 묶어두었다.

마치 우울증에 감염되었으나 아직 증상이 드러나지 않은 '보균자'인 것처럼 스스로를 정신적으로 격리시켰다. 그리고 일상에 우울할 틈을 주지 않았다. 겁먹은 엄마가 하던 것처럼 하루하루 바쁘게 보내면 물리적으로 우울증에 걸리지 않을 것 같았다.

우울증 예방주사가 있다면 수십 번을 맞았을 것이다. 우울증을 내 인생에 두지 않기 위해 그렇게 삶으로 노력했다.

그런 노력 중에 다른 하나는 어릴 적부터 쌓아온 내면의 상처를 조금씩 꺼내 보이는 것이다. 가슴에 고인 피가 흐르듯 고통스러웠으나 나는 끊임없이 시도했다. 때로는 공개로 때로는 비공개로 말이다. 누군가에게 어린 시절의 그것을 털어놓을 때 눈물이 쏟아지면 괜찮지 않은 거였고 덤덤하게 얘기할 수 있으면 괜찮아진 것이라고 실험했다.

이 모든 노력의 바탕에는 신앙의 힘이 있었다. 굳이 태어날 이유도 살아갈 이유도 없다고 확신했던 나는 그분의 사랑을 깨달으며 존재적 근본적 비관을 지울 수 있었다. 시간이 오래 걸렸고 지금도 노력 중이고 앞으로도 계속 품어야 할 내 삶의 숙제이다.

엄마는 다행히 평생 약을 복용해야 하지만 정신건강병원 치료를 받으며 조금씩 나아지셨다. 내면의 우울 바이러스와 동거하며 그를 다독이며 사신다.

 엄마의 우울증을 삶으로 겪으며 잃은 것은 참 많으나 그만큼 지켜낼 수 있는 것도 많다는 것을 알았다. 어쨌든 우리는 가족을 지켜내었고 그 아픈 경험이 때로는 주변인을 다독이는 도구가 되기도 한다.

 엄마는 우울증이다. 엄마와 우리 가족이 겪어낸 일은 성공 스토리가 아니라 동행 스토리이다. 이런 나도. 다행히 지금까지는 무사하다. 내 내면에 잠자고 있을지도 모를 우울을 인정하고 앞으로도 무사하고 무사한 삶을 살아내고 싶다.

평균

아주 좋을 때에도
아주 행복할 때에도
슬픔을 생각하지 않은 적이 없었다.
눈이 퉁퉁 붓게 슬픈 날을 떠올린다.
미리 생각해두면 평균의 값으로 살 수 있다.

나는 거짓말을 한다

　　　　나는 가끔 거짓말을 한다. 인간이라면 누구나 진실되게 맹세하게 된다는 별 앞에서도 나는 거짓말을 한다. 거짓말이라는 것을 알았을 때 털이 곤두설 정도로 완벽하게 거짓말을 할 수 있을 것 같다.

　그중에서도 마음을 숨기는 거짓말은 쉬운 듯 어렵다. 어쨌든 고난이도다. 얼굴근육을 조심스럽게 움직여야 한다. 웃을 때는 최대한 자연스러운 것이 중요하다.

　상대는 바보가 아니라는 것을 잊지 말자. 난감할 때 표정은 그나마 자신 있다. 순간의 위기를 잘 모면하고 혼자 돌아와 쏟아내면 된다.

그런 이유로 공기空氣라는 단어를 좋아한다. 공기 속에 비밀을 감춰둔다. 비밀이 많아서 거짓말하는 거니까. 공기는 '분위기'라는 단어보다 직설적이지 않아서. 뻔하지 않아서 거짓말하기 좋다. 다분히 의도를 가지지 않아 보여서 안심하고 거짓말한다. 공기 속에 꽤 많은 것을 숨길 수 있다.

나는 거짓말을 한다. 거짓말은 원래 들키려고 하는 것이 아니라 속이려고 하는 것이니까 비난받지 않을 것이다.

처음하는 연애의 생소함을 이겨내지 못하고 서투르고 부끄러운 그것을 시작하지도 말자 결심하고 거짓말을 했다.

스물 한 살이었지만 어렸고 그냥 아무거나 아무나 다 무서웠다. 첫 만남에 이미 반쯤 넘어갔음에도. 내 눈동자 색깔에 반했다는 당신을 확인했음에도. 조심스러워하는 나를 배려하는 당신을 확인했음에도. 나는 당신이 별로인 것 같다고 말했다. 전화를 걸어 아주 씩씩한 목소리로 친절하게 통보했다. 거짓말을 아주 예의 바르게 했다.

오래도록 불편한 관계의 사람과 의도치 않게 마주 앉을 때에도 절대 일어나서 탈출하지 않고 끝까지 잘 버틴다. 당신이 그때 한 말 때문에 여행 내내 마음이 엉망진창이었는데 잘 다녀왔다고 거짓말을 했다. 그것도 너무 좋았다는 몸짓까지 보태서 전혀 의심하지 않게 거짓말했으니 정말 선수다. 전혀 표가 나지 않았는지 마지막까지 공격으로 일갈하는 것을 보고 너무 완벽해서 문제라고 생각했다. 어쨌든 다분히 소질이 있다.

그럼에도 들키는 몇몇 사람만 조심하면 된다. 반복적인 범죄는 꼬리가 밟히기 마련이다. 알면서도 속아주는 사람도 몇몇 있는 것 같다. 가끔 내가 그런 사람이기도 한다. 나도 하는 거짓말 당신도 하는구나.

나는 거짓말을 한다. 인간이라면 누구나 그 앞에서는 진실되게 맹세하게 된다는 달 앞에서도 나는 거짓말을 한다. 만약에 가능하다면 당신 마음이 다치지 않게 내 마음도 다치지 않게. 그리고 거짓말하는 당신도 나에게 그래주었으면 한다.

안 되는 것을 되게 하지 않고

안 되는 것을 되게 하지 않고
즐기는 자가 이긴다는 말 때문에 억지로 즐기는 척하지 않고
노력이 가끔 배신한다는 것도 알고 있다
상처 앞에서 방어력은 상승하고 지구력은 하락한다.
순발력은 타고나지 않았다.
부러우면 지는 거라고 해서 솔직한 마음을 누르지 않는다.
가진 것으로 누리는 사람보다
누리는 사람이 가진 것이라는 말을 좋아한다.
그렇지만 괜찮은 사람이 되려고 따로 시간을 내지는 않는다.
괜찮은 사람이 아니어도 할 수 있는 일이 생각보다 많다.

몸은 마음을 따라갈 수 있지만
마음은 몸을 따라갈 수 없어서
꼭 병이 난다.
'외롭다'는 '외롭지 않다'의 반대말일 뿐이다.
외로움 덕분에 이룬 것이 많다.
고백과 명언이 난무하는 요즘
그중에서 진심을 찾아내고 내 마음에 담는다.

떡볶이를 좋아한다

　　　　떡볶이를 정말 좋아한다. 듣는 떡볶이 부담스럽겠지만 그 어떤 남자보다도 그 어떤 친구보다도 지조 있게 오래 그리고 변함없이 좋아한다.

　어쩌다가 이렇게 떡볶이를 좋아하게 되었는지 새삼 생각해본다. 아무리 생각해도 맛있다는 것 외에는 딱히 댈만한 이유가 없다. 고기도 많이 먹어본 놈이 안다고 했던가. 그래서 떡볶이를 좀 맛있게 만들 수 있다.

　들어가는 재료와 양념은 늘 비슷하지만 정확한 레시피는 없다. 어떤 날은 설탕이 많이 들어가고 어떤 날은 고추장이 많이 들어간다. 날씨와 상황에 따라 달라진다고 해두자. 그런데도 매번 맛있다. 이상하게도. 그런 내 떡볶이를 먹어 본 사람들의 증언에 의하면 이렇게 맛있는 떡볶이는 처음이라고. 원래 떡볶이 안 먹는데 나 때문에 떡볶이를 시작하게 되었다고 말한다. 비결을 물어보는 사람에게 나는 늘 비결 같은 건 없다고 말한다. 그리고 어깨를 으슥하며 눈치채지 못하게 회심의 미소를 짓는다.

  사실 기본적으로 들어가는 양념 외에 나만의 비법 소스가 있다. 그냥 맛있을 리가 있나. 커다란 솥을 걸고 밤새 저어 만든 마법의 소스를 모를 것이다. 들어가는 재료를 구하기 위해 백년의 바람과 비를 맞은 것을 모를 것이다. 특히 멸종 직전 너도밤나무의 이슬을 받아내기 위해서 약 이천구백삼십 사일의 새벽을 견뎌낸 것이 가장 힘들었다.

  나를 견제하는 다른 떡볶이 명인의 숱한 방해와 공격에도 굴하지 않고 비법의 소스를 지켜냈다. 그렇게 지켜낸 떡볶이 비법을 얻기 위해 내 집 앞마당에서 삼십일의 단식을 한 인도의 요리사를 무참히 돌려보내야만 했을 때는 가슴이 찢어질 정도였다. 이렇게까지 지켜내야 할 정도인가 처절하게 고민하며 스스로에게 수백 번을 물어보았다.

 떡볶이를 좋아한다. 그 이상의 비밀이 밝혀지는 어느 날 나는 그제야 모든 것을 털고 떠날 것이다. 이 땅에 맛있는 떡볶이 하나쯤은 남겨두고 떠나는 내 모습은 꽤 아름다울 것이다. 과거의 내가 그랬듯이 미래의 언제쯤 흰머리 할머니로 분해 어느 허름한 떡볶이 가게에서 쌀떡과 밀떡의 차이점을 잊어버리지 않고 젓가락을 움직일 것이다. 떡볶이에게 내 무한한 애정과 진심을 비석처럼 세워두고 기억할 것이다. 떡볶이와 함께한 내 짧지 않은 시간이 참 행복했다.

살림 편지1

참깨를 볶아서 준다는 것은 마음을 준다는 것입니다. 결혼 후 주부가 되어 살림을 시작하니 가끔 엄마가 챙겨주시는 참깨가 좋았습니다. 뚜껑을 열지 않아도 고소한 냄새가 바깥으로 새어 나와 코끝에 닿는 것 같습니다.

요리를 좀 못해도 깨를 뿌려놓으면 어떤 음식도 맛깔나게 보이는. 남은 반찬의 양이 애매해서 접시에 옮겨 담아 깨를 뿌려놓으면 부지런한 살림꾼 같은. 저에게 볶은 깨는 그렇습니다. 볶은 참깨는 그저 설탕이나 소금같이 어디에나 있는 쉬운 양념이었습니다.

어느 날 냉동실에서 긴 잠을 자고 있는 까만 봉지의 깨를 발견하고는 볶아서 쟁여놓자고 한 날이었습니다. 그날 참깨를 볶으며 알았습니다.

볶은 참깨는 참말로 수고롭고 성가신 양념이었다는 것을. 왜 살림이라는 것은 한 귀퉁이도 쉽고 가벼운 것이 없을까요. 참깨를 씻어서 흙과 모래를 가라앉히는 일은 마치 밑 빠진 독에 물을 붓는 것만큼이나 끝이 보이지 않는 일이었습니

다. 엄마는 왜 그걸 가르쳐주지 않으셨을까요?

깨 볶는 날에 온 집에 퍼지는 꼬순 냄새만 기억이 났을까요? 딸에게 볶은 참깨를 주느라 종일 부엌에 서있었다고 왜 말해주지 않으셨을까요?

흙과 모래를 어쩌면 참깨알 개수만큼 흘려보냈을 반복적인 과정을 겨우 반복하고 물기를 빼려 채반에 받쳐두었습니다.

날이 어둑어둑해져서 내일 아침에 일찍 볶아야지 하고 면보를 덮어두었는데 하루를 지낸 아침에 들춰보니 그 짧은 밤에 싹을 틔운 작은 깨들이 해맑게 누워있었습니다. 그때 그 장면은 잊히지 않습니다.

엄마도 그랬던 적이 있었을까요?
깨를 볶을 때는 어떻습니까. 깨의 배가 보기 싫지 않을 정도로 볼록할 때 볶는 것을 멈추어야 합니다. 볼록해졌다고 다가 아닙니다. 적당한 색은 또 얼마나 까다로운지요. 너무 밝지도 너무 어둡지도 않게 볶아야 합니다. 그렇게 볶은 참깨를 잘 식혀야 합니다. 넓은 볼에 옮겨 담고 주방 창가 자리에 올려두고 조바심 내지 않고 천천히 시간을 줍니다.
그동안 저는 유리병을 준비합니다. 집 안 여기저기에 숨어 있던 유리병을 모조리 찾아내어 열탕 소독을 합니다. 뜨거운 사우나를 마친 유리병은 엎어놓고 말려줍니다.
참깨는 적당히 식었지요? 유리병 안에 참깨를 얌전히 넣어줍니다. 얌전히 넣지 못하고 옆으로 흘리는 참깨알 개수만큼 꿀밤을 맞는다고 상상하면 됩니다.
잼병 소스병 등등은 깨를 담고 새롭게 태어났습니다. 반짝반짝한 유리병 안에 고소함이 가득합니다. 정말로 종일 참깨를 볶았습니다. 씻고 말리고 볶고 넣느라 저녁은 아무래도 있는 반찬에 깨를 뿌려 간단히 먹어야겠습니다.

깨를 한 병 드리겠습니다. 아낌없이 뿌려서 드세요. 참깨를 드린다는 것은 마음을 드리는 것입니다. 제 마음입니다.

살림 편지2

　　　　과일이 많이 보이는 여름입니다. 물건을 살 때 그다지 까다롭지 않습니다. 발품을 팔지도 않고 첫눈에 보고 괜찮다 싶으면 삽니다. 다른 것과 비교해보는 수고는 별로 시도해보지 않고 바로 구매하는 편입니다. 물건을 사는 것에 그다지 까다롭지 않습니다만, 과일만은 예외입니다.

　제철의 개념이 없어진 마트에서의 '맛있는' 과일 구매는 성공할 확률이 아무래도 희박합니다. 기껏 고심해서 산 과일이 맛없을 때. 그때만큼 속이 상하는 일이 없습니다. 거슬러 올라가 보면 마트 잘못도 아니고 농부가 잘못한 것도 아니라서 달리 원망할 데가 없습니다.

　어쨌든 오늘 저는 복숭아 한 봉지를 샀습니다. 빛깔로 보나 크기로 보나 여러모로 잘 고른 복숭아였습니다. 집에 달랑달랑 들고 와 한 입 베어 무는 순간 맛없는 복숭아의 실체를 확인하고야 말았습니다. 아니 정확히 말하면 처음부터 맛이 없는 복숭아였고 저는 속아서 산 것입니다. 맛있어 보이는 복숭아를 샀지만 맛이 하나도 없는 복숭아였습니다.

 복숭아가 어떻게 맛이 없을 수가 있나요. 배신감과 절망감으로 온몸이 부들부들 떨렸습니다. 분명 꿀 복숭아라고 했는데 꿀은커녕 차라리 무가 나을 정도였습니다. (복숭아 못 듣게 속삭이는 중입니다.) 식탁 위에 올려놓고 오며 가며 고문하듯 노려보았습니다. 잘못도 없는 복숭아가 주눅 들어서 스스로 쪼그라들 정도로 말입니다. 하루 이틀 지나고 나니 역시나 예상한 대로 복숭아는 빛을 잃고 힘을 잃어가고 있었습니다.
 그제야 왠지 미안해졌습니다. 복숭아를 살려주기로 했지요. 제가 그리 모질지 않다는 건 아시지요? 잔인하게 믹서기

에 넣고 갈아버리는 일 만은 참았습니다. 바구니에 모아놓고 변신 전 사진도 찍어주고. 하나하나 정성을 다해 복숭아 청을 담기로 했습니다.

  과육을 정성스럽게 잘라서 (이름만) 꿀 복숭아는 모욕적이겠지만... 진짜! 꿀을 넣어서 진짜 꿀 복숭아가 되게 도와주었습니다. 맛없는 꿀 복숭아는 달콤한 꿀을 만나 맛있는 복숭아 에이드가 되었습니다. 이렇게 쉬운 것이었습니다.

  못난 것도 대접받고 다 죽어가는 것도 살리는 그런 살림을 한 것 같습니다. 복숭아 에이드는 벌써 매진이라서 다음번에 또 맛없는 복숭아를 만난다면 꼭 한 잔 대접하겠습니다.

  복숭아에게 느낀 배신감을 며칠 동안 그냥 두었다면 아마 영혼이 망가졌을지도. 그래서 다시는 복숭아를 사지 않는 어리석은 선택을 했을지도 모릅니다.

올여름 복숭아는 좀 챙겨 드셨나요?

부디 맛있는 복숭아 만나시길 바랍니다.

살림 편지3

　　　　송편을 좋아하시는지요? 저는 송편을 아주 좋아합니다. 엄마가 그랬는데 송편은 반죽을 먹는 맛이고 만두는 속을 먹는 맛이라는 말에 큰 공감을 합니다. 쫄깃하고 도톰한 송편을 입에 넣고 오물거리면 보름달만큼 행복합니다.

　제가 송편을 좋아한다는 말은 송편을 빚는 것을 좋아한다는 말이기도 합니다. 어릴 적. 추석 때만큼은 말하지 않아도 엄마가 미리 내 마음을 알아서 준비해 주시길 바랐습니다. 늘 일하는 엄마여도 말입니다. 꼭 추석이 아니어도 말입니다.

　때는 추석이었습니다. 당연히 추석에는 송편을 빚어야 하는데 늦은 귀가를 한 엄마는 아무 준비도 없었습니다.

　달이 밝은 (송편을 빚지 않는) 밤이 슬펐습니다. 그런 딸이 안쓰러워 보였는지 엄마는 냉동실에 쟁여뒀던 쌀가루를 꺼내셨습니다.

　익반죽을 했겠지요? 그런데 고단한 엄마 마음이 담겼는지 반죽은 송편을 빚기에는 질어졌습니다. 실패였어요. 반죽에 더할 쌀가루는 그 밤에 더 이상 없었습니다.

엄마는 반죽을 물 솥에 올려 찌셨습니다. 그리고 널찍한 상 위에 기름을 발라 찐 반죽을 척하고 올려놓았습니다. 쪄낸 반죽을 넓게 펼쳐 소를 간격에 맞춰 올려놓고 반죽을 반으로 접어 덮은 후 소주잔으로 찍어낼 계획이셨던 것입니다.

그날 엄마의 추석과 송편은 보름달만큼 슬펐습니다. 반죽 은 사람의 말을 듣지 않고 제 본능에 따라 움직였으니까요.

그날 빚은 아니 찍어낸 송편은 명절 내내 찬밥보다 더한 취 급을 당했습니다. 고된 엄마에게 송편을 빚자고 다시는 보채 지 않게 된 추석이었습니다.

송편을 좋아하시는지요? 그럼에도 저는 송편을 아주 좋아합니다. 올해는 시장에 들러 쌀을 좀 빻아왔습니다.

소금 간은 떡집 아주머니에게 맡겼습니다. 색깔도 내보라며 백년초 가루도 좀 넣어주셨습니다. 원래는 이렇게 덤으로 안 준다는 말도 강조하셨습니다.

이번 추석에는 송편을 별 모양으로 만들지 않기를 딸에게 미리 부탁해두었습니다. 보름달처럼 가득하고 가을처럼 고운 송편을 나누어드릴 수 있게 예쁘게 빚어보겠습니다.

혼자만 알고 싶지는 않다

　　　　혼자만 알고 혼자만 즐기고 싶지는 않다. 좋은 것, 예쁜 것, 맛있는 음식을 파는 식당, 아름다운 장소 등등 관심 갖고 물어봤는데 정확히 알려주지 않고 말을 얼버무리면 그게 그렇게 치사할 수가 없다.

　비공식적으로 평화주의자이자 예의 바른 간섭주의자인 나는 '혼자만 알고 싶은'의 수식어를 좋아하지 않는다. 그 말의 의미를 모르지 않는다. 너무 좋아서! 너무 예뻐서! 알려주면 소란스러워질 것 같고 그 매력이 사라질 것 같은 걱정 때문이라는 것을. 사실 나도 마찬가지다. 그럼에도 나는 내가 아는 것을 혼자만 알지 않고 알려주고 싶다. 그에 비해 남들이 아는 것을 나도 알아야겠다는 호기심 정도는 상대적으로 낮지만! 어떻게 하면 혼자만 즐길까를 고민하는 사람보다 어떻게 하면 많은 사람과 공유할까 고민하는 사람이 멋져 보였던 순간이 몇 번 있었다.

　많이 알려지지 않은 우리 동네 산책길의 사계절이 너무나도 아름답다는 것을 혼자 알고 싶지는 않다. 시간대 별로 보여주는 풍경마다 족히 여섯 종류의 기분이 든다는 것을 혼자 알고 싶지는 않다. 책상 위에서 키우는 화분의 작은 꽃이 햇볕 방향에 따라 기울기를 달리하는 그 경이로움을 혼자 알고 싶지는 않다. 책상 여기저기 옮겨놓고 실험하듯 장난치는 즐거움을 좀 알려주고 싶다.

　많은 사람이 가는 카페 메뉴판 제일 밑에 있는 그 음표가 얼마나 맛있는지 혼자만 알고 싶지 않다. 그 메뉴를 선택했을 때 카페 주인의 입꼬리가 비밀스럽게 올라가는 것을 혼자만 알고 있을 수 없다. 허름해서 손님이 많이 없지만 칼국수 맛집 보다 더 맛있는 동네 식당 칼국수를 '맛집'이라는 해시태그를 넣어서 나름 열심히 홍보 중이다. 진짜 맛집으로 등극하면 줄 서야 먹을 수 있다 해도 행복할 것 같다.

　집에서 동거하는 고양이 메이씨가 기분에 따라 귀의 움직임이 얼마나 다른지. 외롭다고 노래를 부르는 누군가가 고양이와 동거한다면 그 말이 쏙 들어갈 수도 있으니 곧장 알려준다. 한 쪽만 움직일 때는 하루 중 언제인지. 그래서 얼마나 귀여운지 혼자 알고 싶지는 않다. 늘 같이 비비고 뒹굴며 발끝에 두고 동침하는 아이는 멀리 두고 본 적이 없어서 모를 것이다.

　자주 보는 그 사람의 눈매가 정면으로 봤을 때와 15도 각도로 봤을 때가 얼마나 다른지 혼자만 알고 싶지는 않다. 나는 사실 늙어서도 오래오래 살을 부비고 살고 싶다고 알려주고 싶다. 마치 어릴 적 욕구를 다 채우지 못해 애정결핍이라 의심 받더라도 살을 부비고 살고 싶다. 다정하지 못한 내가 사실은 그렇게 어린아이처럼 단순하다고 말해주고 싶다.

말이 많은 A씨는 다른 사람이 이야기를 할 때 적절한 타이밍에 들어가려고 입술부터 시동을 걸고 입을 연다. 묘한 매력이 있다. 그 절묘한 찰나를 발견할 때 수다스러운 그 사람을 나도 모르게 이해하게 된다는 것을 소문내고 싶다.

만날 때마다 인신공격을 일삼는 S가 얼마나 종잇장 같은 심장 두께를 가졌는지 알고 있다. 그것을 혼자만 알고 있다가 그를 외롭게 두고 싶지는 않다.

겉으로 보이는 것만 믿을 때는 단순한 그의 모습만 보이지만 자세히 보아서 발견하는 그의 진짜를 나만 알고 있을 수는 없다. 세상에는 무수한 풍경과 사람과 감정과 움직임이 있다. 기록하거나 다정하게 말하거나 그려놓지 않으면 사라질지도 모른다. 혼자만 알고 있으면 안 되는 세상의 모든 것을 앞에 두고 관찰을 하고 일상을 보낸다. 그러면 될 것 같고 그러면 괜찮을 것 같다.

시

책을 읽다가
봄은 짧아서 예쁜 거래...
그렇게 말하고
나를 가만 쳐다보는 당신

눈이 예쁘다는 말을 얻은 날에는
집에 와서 한참 거울을 들여다본다.
진짜 예쁜지 한참 뜯어본다.

미소를 얻은 날에는
그 온기가 오래오래 사라지지 않게 나를 안아본다.

시를 좋아하지 않는다던 당신이 시 같다.

여름을 좋아한다

여름을 제일 좋아한다. 내가 여름에 태어나서 여름이 좋은 건지 여름을 좋아해서 내가 여름에 태어나기로 결정한 것인지 아직 밝혀내지 못했지만 여름을 좋아한다. 가을도 좋아하지만 여름을 더 좋아한다. 겨울의 고요한 매력을 잘 알고 있지만 여름을 더 좋아한다. 봄이 주는 설렘 이상으로 여름을 좋아한다.

내가 여름을 더 좋아한다는 것을 많은 주변인들이 알고 있어서 다행이다. '네가 좋아하는 여름이네'라고 아는 척을 해 주면 그게 또 좋은 여름이다. 내가 사랑하는 여름은 뜨거운 태양을 내어주고 초록의 자유를 허락한다. 여름의 그 아름다운 성격을 좋아한다. 초록색 말고 다른 색깔을 더 좋아하지만 여름의 초록색은 해당사항 없다. 초록색을 가진 모든 여름의 나무 혹은 풀 앞에서 늘 이렇게 눈이 시어진다. 어깨가 떨어지고 가슴이 쿵쾅거린다.

꽃이 다 떨어지고 난 후의 여름의 나무를 좋아한다. 열매를 가진 초록의 여름 나무 앞에서는 진정제도 없다. 여름에 태어나서 걸린 마법이다. 여름과 초록색을 섞은 오후 5시 6시 7시를 사랑한다.

 여름이 허락한 그림자. 여름이 허락한 태양. 여름이 허락한 색. 여름만 오면 이렇게 바쁘다. 내가 태어난 여름이다. 좋아하는 마음으로 눈이 멀지 않도록 여름에 잠시 멈추어 여름을 보는 것도 잊지 않는다. 이 계절은 빼앗지 못할 것이다. 올해도 작년에도 재작년에도 그해, 여름에도 그랬다.

카페인

내 정직한 몸에 직접적인 타격을 주는
화학적 물질을 알고 있다.
항생제가 그렇고 햇반이 그렇고 박카스가 그렇고
귤이 그렇다.
기준이 무엇인지 아직 몸의 대답을 듣지 못했다.
그러다 느지막이 커피를 좋아하게 되었다.
카페인 과다 섭취한 밤에는 선택을 해야 한다.
공식적으로 잠에 이르기를 포기하고
내 무의식을 여행할 것인가.
아니면 카페인 과다 섭취를 밤새 원망하다가
믿을 수 없는 새벽을 맞을 것인가.
선택의 가치가 있는 타격이다.

사랑

보지 못해도 사랑이다.
아픈 이마를 만지는 것이 전부라도 사랑이다.
안아주는 것도 안길수 있는 것도 사랑이다.
그저 멀리서 생각하는 것이 전부여도 사랑이다.
그래서 만지지 못해도 사랑이다.
나로 인해 슬퍼지게 하고 싶은 것도 사랑이다.
가장 큰 방어 요인이 가장 큰 방해가 되는 것이 사랑이다.
토해내지도 못하고 감추지도 못하는 것이 사랑이다.
자꾸만 손해 봐도 괜찮은 사랑이다.
놀란 마음 진정시키는 그것이 사랑이다.
생각해보면 미안해지는 그것도 사랑이다.
내가 얼마나 뻔뻔한 지 깨닫는 것이 사랑이다.
조건이 없어 보이는 착각이 사랑이다.
그래서 때로는 쓸쓸해지는 것이 사랑이다.
어리석은 실수 끝에도 어김없이 용서하는 사랑이다.
자꾸만 눈앞이 흐려지는 이유를 알 수 없는 사랑이다.

손 뻗었다가도 가차 없이 거두고 마는 것이 사랑이다.
더 줄 수 있다면 질려버려도 멈추기 어려운 사랑이다.
아무것도 안하고 가만히 옆에만 있어주는 그 존재감이
어느 날 울컥해지는 것이 사랑이다.
시를 잊고 사랑을 잊은 당신에게 들려주는 내 사랑이다.

시간을 준다

　시간을 아주 오래 준다. 시간이라는 양념은 순간을 아름답게 만들기도 오래오래 기억할 수 있게도 해주는 특별한 선물이다. 처음에는 분명 시큰둥하게 시작했다가 자주 애정이 반짝이는 눈으로 마무리한다.
　실시간으로 반응하는 것을 즐기기도 하지만 대체로 시간을 두고 반응하는 것을 더 선호한다. 사연을 숙성시키는 거다. 반나절 동안 발효시켰다가 냉장고에 차갑게 두고 먹어야 하는 요구르트이고 하루 지나면 더 맛있는 파운드케이크다.

내가!
마스터가 뭔데?!
그래도 나보다 낫다!

라는 문장이 배꼽 잡을 정도로 웃긴 이유는 9월 25일 12시 27분부터 14시 43분의 시간을 우리가 같이 보냈기 때문이다. 시간이 오래 지나도 그럴 것이다. 시간으로 숙성시켜 기억으로 저장하니 가능한 일이다.

　시간이 지나 우리는 그때를 이야기하게 될 것이다. 그때 마셨던 커피와 그때 보았던 풍경과 그때 그 낮은 의자에 앉아 이야기하던 날을 기억하게 될 것이다. 기억의 상자에 하나씩 넣어둔 것들을 꺼내어 함께 배 아프도록 웃고 혹은 혼자 배시시 웃으며 떠올려 볼 일상의 기억이다.

　나이가 들면 겁이 없어지는 지점을 만난다. 그렇다고 딱 그만큼의 자신감이 생기진 않는다. 다만 해보는 것이고 하다 보면 끝이 나는 것을 발견한다. 사는 일이 매번 그렇다는 것은 분명 시간의 힘이다. 그럼에도 그 삶의 공식을 의심한다.

　흰머리를 발견한다. 주어진 시간에 머리를 맡겼더니 그렇게 되었다. 흰머리를 발견해도 가슴이 쿵 내려앉지 않는 이유는 시간이다. 눈을 치켜뜨고 희번덕거리며 흰머리를 뽑는다. 흰머리는 검은색 머리카락 사이에 숨는 것이 당연하다. 그곳을 기억하고 있다가 바로 뽑지 않고 며칠 동안 자유를 주었다. 짧아서 찾지 못할 것이라고 방심할 때 나는 급습한다. 그럼에도 좀 뽑기 쉬운 자리에 있기를 혼잣말로 흰머리에게 부탁한다. 할머니가 되어서 염색을 할지 은발을 그냥 둘지는 아직 결정하지 못했다.

　지금의 내 나이는 엄마 나이인 줄로만 알았는데 엄마의 그때 나이를 지금 내가 살고 있다. 적응만 한다면 나쁠 것도 없는 어른의 시간이다.

좋은 기억으로 남은 영화에게도 시간을 준다. 읽었던 책에게도 다시 시간을 준다. 다시 보고 다시 읽는다. 좋았던 것을 확인하려는 것이 아니라 좋았기 때문에 다시 시간을 주게 된다. 놓쳤던 문장에게는 마음의 밑줄을 그어준다. 놓쳤던 장면에게는 전혀 눈치채지 못했다고 감탄사도 한번 보내준다. 시간이 지나도 다시 찾아내는 나의 수고로운 일상이다.

세상 모든 것에 허락된 시간은 담아서 멈추어 둘 수는 없다. 속이 투명한 유리병에 담아두었다가 필요할 때만 꺼낼 수 있다면 그건 시간이 아니다. 시간이란 누구에게나 동일한 양과 부피임을. 아낄 수도 과하게 쓸 수도 없는 것이 시간임을. 과거의 시간을 챙기기에는 늦어서 절망하기에 좋고 미래의 시간을 챙기기에는 준비할 것이 너무 많다. 주어진 현재의 시간을 잘 살아낼 수 있기를 부탁한다.

건강검진을 받았다

　　　　건강검진을 받았다. 건강검진을 '했다'보다 '받았다'
는 말이 딱 맞을 정도로 시키는 대로 요구하는 대로 나의 몸
을 수동적으로 내어주었다. 어디 검사실로 가라고 하면 두말
않고 가서 순서표와 검사지를 바구니에 낸다. 앉아서 기다리
라 하면 가만히 앉아서 기다린다. 검사실 앞에 줄지어 앉아있
는 사람들이 많다 생각하고 나도 그 틈에 끼어 앉는다.
　혈압 재면서 손목의 맥박을 짚은 의사의 손이 차다. 검사실
에 들어가 옷을 훌렁훌렁 벗는다. 앞서 검사한 중년의 아주
머니가 벗어놓은 가운을 입는다. 기계를 안고 어깨를 쫙 편
다. 커다란 기계와 나만 있는 작은방 안에 마이크로 지령이
떨어진다. 숨을 참으라니 참는다. 주사 앞에 팔을 걷으라면
걷고 따끔할 거라고 말하면 숨을 크게 쉬고 작은 신음소리도
숨기고 눈을 질끈 감았다. 검붉은 혈액을 몇 ml쯤 내어주고
나니 허기가 지고 괜히 어지럽다.
　내 몸에 대해 꼬치꼬치 캐묻는 그 말에 성실하고 착실하게
대답한다. 묵비권은 없다. 술과 담배를 하는지 물어보는 그

말에 자신 있게 하지 않는다고 대답하지만 칭찬은 없다. 따로 먹는 약도 없어서 내가 보기에 검사지가 깨끗해서 괜히 뿌듯하다.

거의 매일 같은 곳에 앉아서 똑같은 질문과 똑같은 말을 할 병원의 그들에게 좀 더 색다른 피검사자가 되고 싶지만 그러기에 내 몸은 지극히 일반적이다.

위내시경 검사를 위해 전날 굶었으니 조금은 힘이 없게 침대에 눕는다. 내 위와 십이지장을 들여다봐줄 흰 가운의 의사에게 눈인사를 한다. '약 들어갑니다'라는 말을 마지막으로 듣고 나는 눈을 감았을 것이다. 깨어보니 다른 공간에 얌전히 누워있다. (얌전히 누워있었다는 것은 내 생각이지만)

국가가 무료로 해주는 건강검진을 받은 지 두어 번이다. 건강검진 때가 되면 평소에는 생각하지도 않았던 마음들이 불쑥 올라온다. 건강은 확신하지만 혹시라도 일어날 모든 경우의 수를 생각해본다. 검사하는 날을 예약해놓고 한 달 전부터 밥을 먹고 나면 괜히 소화가 안돼서 한참을 더부룩해서 마음이 심란했다.

만약에 큰 병이라도 걸리면 나는 무엇부터 해야 할까 아니 어떤 기분일까 예상해보면서 괜히 한번 울어도 본다. 마음으로 유서도 미리 써놓는다. 유서를 쓰면 가족과 주변인을 힌번 더 마음에 심어볼 수 있어서 좋다. 건강검진하는 김에 내

삶도 내 인생도 스스로 검진해본다. 나는 잘 먹고 있는지 잘 살고 있는지 잘 해내고 있는지. 결과는 우편으로 받을 것이니 편지함을 확인하며 결과지를 기다린다. 확신과 불확신을 오가며 내 인생의 건강을 검진한다.

이별

이별 한다.
친구와 이별하고 연인과 이별하고 익숙한 무엇과 이별한다.
이별의 종류에 따라 다짐하는 마음의 종류도 달라진다.
쉽거나 어렵거나 빠르거나 느리거나 한다.

이별은 보고 싶다는 말을 하지 못하는 것이다.
보고 싶다는 '안녕!'이라는 말과는 다르다.
보고 싶다는 '밥 먹었어요?'라는 말과도 다르다.
'수고해요'라는 말과는 차원이 다른 말이다.
대답해 주지 않아도 괜찮은 말이다. 보고 싶다는.

이별하는 법은 이렇다.
처음 기억부터 차례대로 해야만 할 것 같지만
가장 최근 기억부터 시작하는 것이 좋다.
장담할 수 없지만.

더 이상 심장이 뛰지 않으면 그것이 마지막이라 생각했는데
당신이 지금 내 눈앞에 없는 것이 이별이고
손을 뻗어도 만질 수 없다는 것이 이별이고
연락이 닿지 않는 마음이 이별이다.
마음을 억지로 구겨 넣어야 하는 것이 마지막이다.
'보고 싶다'는 안녕보다 무겁다.

느린

매년 간절기를 놓치는 나의 트렌치코트는
가을을 만끽하고 있다.
그와 함께 나도 가을을 누린다.
마음의 풍요를 누리기 위한
마음의 결핍을 차근차근 확인하면서 가을을 배운다.
지금의 속도가 마음에 든다.
하루 중 가장 느리게 흐르는 시간대를 고른다.
꼬박꼬박 졸기도 하고 하품도 한다.
시간이 많아서 가능한 일 같지만
시간이 많아서 가능하지 않은 일도 있다.
촘촘히 박아놓은 어디쯤 구멍도 나고
각이 자주 맞지 않는 일상의 풍경이다.

∷문장의 일상감성

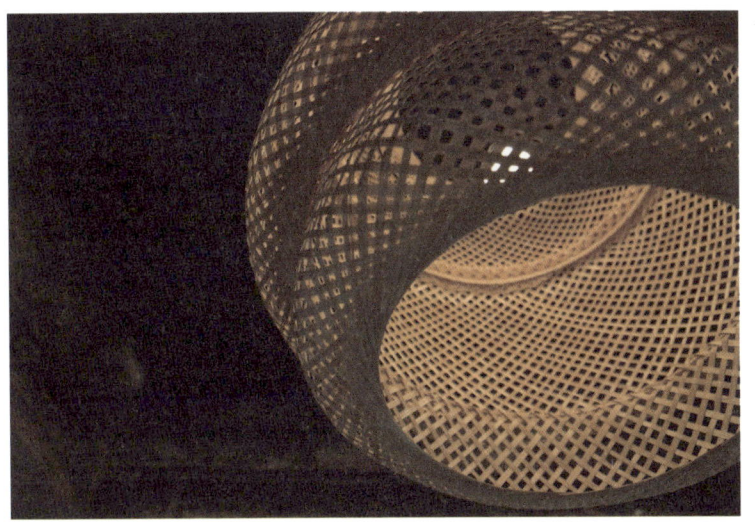

책방에 간다

    책방에 오늘도 간다. 내 작은 차를 달려 책방에 간다. 비가 와서 가고 눈이 와서 가고 하물며 날씨가 좋아서도 간다. 책방은 서점이 아니라 좋고 도서관이 아니라서 왠지 좋다. 짧은 여행을 갈 때도 긴 여행을 갈 때도 꼭 그 동네 책방에 들른다. 책방에는 동네가 있기 때문이다.
  집에 가기 싫을 때 갈 수 있는 곳이 찜질방이 아니어서 좋다. 몸은 편한데 마음은 불편한 친구 집이 아니어서 좋다. 자주 가서 아는 얼굴이 많은 식당이 아니어서 좋다 오늘은. 무려 시간이 느리게 가는 작은 동네에 있는 책방에 간다.
  겨울에 책방이 생기고 봄이 되었고, 여름이 되어 또 가을이 왔다. 책방 곳곳마다 점점 쌓이는 책 사이로 시간도 쌓인다. 아직 오지 않은 미래의 시간까지 보인다. 먼지가 오래되어 굴러다니는 것을 보게 될 것이고 오래된 책 하나 찾기 위해 사다리를 옮겨놓고 책 위에 쌓인 먼지를 후- 불면 눈부신 햇빛 속에서 반짝이는 먼지 하나와 마주하게 될 것이다. 그 반짝이는 순간이 사실은 벌써 세 번쯤은 된 것 같다.

'말'이 많으면 피곤하지만 '글'이 많은 것은 괜찮다 나는. 책 속을 가득 메운 글들이 종이에 겹겹이다. 그래도 피곤함을 느끼지는 못한다.

그렇게 책방과 친해지고 일곱 명의 사람들이 모여 3개월 동안 예쁘게 글쓰기도 배웠다. 낮은 지붕의 그곳에서는 매주 금요일 6시쯤 기적이 일어났다. 글자가 그림이 되고 그림이 글자가 되었다. 종이에 쓰인 마음과 생각을 훔쳐보고 배시시 웃음 지었다. 누군가는 소녀의 감성을 끝까지 감추는 것에 성공하지 못하고 시 낭송으로 백기를 들었다. 리액션 학원이라도 다니는 듯한 인물들이 등장하여 '흥행 보증 다큐멘터리'가 완성되었으며 예고편이 없어서 더 기다려지는 드라마 같은 3개월이었다. 툭하고 던져놓은 감정이 어느새 살이 붙은 채로 다시 돌아와 나를 안아주었고 문을 딸랑 하고 소리 내어 들어간 그곳에는 책 냄새 사람 냄새 인생 냄새가 폴폴 났다.

  언젠가. 허리가 푹푹 꺾이도록 힘들었지만 힘들다 말하는 법도 잊어버렸던 그때 책방에 갔다. 겨우겨우 웃고. 어깨에 힘을 빼고 걷고. 흐릿한 눈으로 살아낼 그때에. 책방 선생님이 무심히 건넨 책으로 위로를 받고 한참을 숨어있었다. 나도 모르게 볼을 타고 내리는 눈물은 그때가 처음이었다. 그리 짧은 시간을 산 것도 아니었는데. 어깨가 들썩일 뻔한 것을 겨우 참아내었다. 유난히 사유가 힘들었던 그 해를 그 순간의 힘으로 살아내었다.

  책방과 책이 주는 힘이었다. '늙는다는 건 우주의 일'이라든지 '말은 사람의 입에서 태어났다가 사람의 귀에서 죽는다'라든지 '너는 다만 슬프다고 했다'라든지 '너는 어디 가지 말아라. 어디 가지 말고 종로 청진옥으로 와라. 지금 와라' 등등의 문장들은 모두 책방에서 건져 올린 보석 같은 문장이다. 그 문장들을 일상에 콕콕 박아놓았다. 그 문장들이 일상을 빛나게 해주고 있다.

  낡은 책이 좋다. 특히 책주인이었을 누군가가 그어놓은 문장은 일부러 한 번 더 읽는 수고를 더한다. 당신에게 특별함이 나에게는 특별함이 아닐지라도. 어제도 오늘도 가고 내일도 가고 싶다 책방. 어제는 김치전을 구웠다는 핑계로 다녀왔고 오늘은 꼭 사야 할 책이 있다는 핑계를 댔다. 내일은 또 무슨 핑계로 갈지 밤부터 시나리오를 쓴다.

  책방에 간다. 마음이 먼저 달려가는 그곳으로 일상과 책방을 여행한다. '하나도 버릴 게 없는' 이야기와 어느 정도는 예상 가능한 책 속의 감동이 떠다니는 책방이다. 서점이 아니라 좋고 도서관이 아니라서 왠지 좋다.

책방에 부치는 편지

오래된 미래 지은숙 선생님과의 편지 중에서

작은 책방이 생겼다는 소식에 한달음에 갔던 때가 생각납니다. '책'이란 참 오묘한 것 같아요. 늘 가까이 있지만 가까이하기가 쉽지만은 않은 것 같고 멀리 있을 때는 마음 한편에 책을 그리워하는 마음으로 허전해질 때가 있습니다.

저 역시도 책을 많이 읽어내지 못하면서도 책이라 하면 왠지 마음이 먼저 반응함을 느낍니다. 성장하면서 나를 지켜주고 나를 만들어주는 여러 가지가 있겠지만 역시 책, 글, 문장들을 생각하면 후한 점수를 주고 싶습니다. 그래서 책방은 그 존재만으로도 힘과 위로 그리고 왠지 모를 기쁨과 설렘을 주는 것 같습니다. 그 작고 아름다운 책방에 제가 조금 아는 분이 계시고 그분이 참 따뜻한 분이어서 저를 요즘 들뜨게 합니다.

저는 사람을 참 좋아합니다. 그 좋아함이 가끔 상처가 되는 도화선이 되기도 하지만요. 그럼에도 꿋꿋이 사람을 좋아하는 일에 마음을 다합니다. 객관적으로 저를 볼 때도 유난히 사람을 좋아해서 표현함에 주저함이 없음을 인정합니다. 지극히 내성적이고 소심한 성격이 바탕이어도 말입니다(이 부분은 가끔 제 표현들이 부담스러우실까 봐 미리 변명하는 중입니다).

책방을 알게 된 그때쯤 저에게는 삶에서 오랫동안 저를 힘들게 하는 문제와 감정 때문에 방황하던 때가 있었습니다. 그래서 다 그만하고 싶다는 생각에 사로잡혔던 시간이었습니다. 잠시 그날이 또 생각납니다. 그렇게 갈데없이 책방에 들렀던 날. 제게 읽어보라 건네주셨던 책 때문에 제 어깨가 들썩였던 것을 혹 보셨을까요? 한 장 한 장 페이지를 넘기고 그 한 문장을 읽는데 제 마음이 왜 그랬을까요. 갑자기 제 안에 삼키지 못했던 미움과 애씀과 눈물이 마음에서 터져버렸습니다. 그 찰나의 순간. 주기적으로 저를 찾아오는 그 힘듦이 왜 그 순간 '아무것도 아니다' '괜찮다'로 바뀐 것인지 모르겠습니다. 거짓말처럼 그날 이후로 툭툭 털고 또 일어났습니다. 몸과 마음이 말입니다.

겉으로는 영화 한 편, 차 한 잔, 누군가의 따뜻한 말 한마디로 위로받는다고 했지만 사실은 아니었습니다. 아무것도 견디지 못했었습니다. 그날의 그림책과 책방을 오래오래 잊히지 않을 삶의 하나로 저장해두었습니다. 영문도 모르실 저의 감사함을 느끼셨을까요. 고맙습니다. 그곳에 책방을 지어

주셔서. 그곳에 책과 함께 계셔주셔서. 그곳에 차를 몰아 갈 수 있게 해주셔서. 몰랐던 그림책의 어른스러움을 배우게 해주셔서요. 말에는 실수가 있고 행동에는 경솔함이 있습니다. 그날 건네주셨던 편지 한 통의 감동이 오롯이 제 마음에 새겨졌지만 그 마음 그대로 섣불리 바로 '무엇을' 한다는 것이 부끄러웠고 그런 생각들 앞에 고요해졌습니다. 며칠 동안 그 감정으로 마음이 꽉 찼습니다.

아시다시피 다시 봄이 되었습니다. 꽃구경이라는 제목으로 괜히 딴 짓만 하다가 편지지 위에 좋아하는 펜으로 답장이라는 것을 써봅니다. [나를 지켜준 편지]를 읽으며 공간과 관계를 생각하며 떠올린 선생님의 책방입니다. 저도 누군가와 이렇게 생각과 마음을 나눌 수 있으면 좋겠다고 생각했습니다. '적어도 누군가에게 자신을 닮은 장소를 꿈꾸고 만들어내는 데 힘을 얻는 곳'을 가지게 해주셔서 감사합니다. 저는 책방에 자꾸 갈 생각입니다.

'봄은 짧아서 예쁘다'는 어느 책의 글귀가 괜히 눈물 나는 봄입니다. 눈이 부시게 예쁜 봄날이 다시 시작되었고 다행히 아직 끝나지 않았습니다. 행복한 책방에 늘 갇혀계시지만 이 봄날을 그냥 보내주지 마시길요.

2019년 4월

윤선미 드림

책을 읽는다

　책을 읽고 책을 사랑한다. 내가 사랑한다고 생각하는 상대가 나를 사랑하지 않는 것은 절망적이라서. 사랑에 빠질 것을 예상하고 상대를 고를 수 있는 것이 아니라서. 늘 사랑이 위태롭다. 책을 감히 사랑한다고 말할 수 있는 것은 비교적 안전하다. 적어도 사람이나 감정만큼 위태롭지는 않다. 그래서 책을 좋아하고 책을 읽는다. 사랑해서 읽지만 상처받지 않고 답을 기다리는 먹먹한 시간을 보내지 않아도 된다. 책 속 문장으로 힘을 얻고 힘을 뺀다. 내가 좋아하는 책은 베스트셀러 일수도 아닐 수도 있다는 것을 안다. 여전히 그런 것에 흔들리지 않고 책을 읽어나간다.

누군가의 글쓰기로 지극히 개인적이거나 보편적인 사유를 얻을 수 있다. 책을 집어 드는 것은 표지와 제목이지만 가만 보면 책을 사는 것은 결국 '문장' 때문이다. 읽다 보면 가만히 안아주고 싶은 문장을 발견한다. 혹은 보자기에 꽁꽁 싸매서 넣어두고 싶은 문장도 발견한다. 가끔은 손목에 힘이

툭 하고 풀려버리는 글귀도 만난다. 글이 달아날까봐 재빨리 책장을 덮어야 할 것 같은 책을 만날 때도 있다. 그런 이유로 책장을 덮어버렸던 책은 바로 김수우·김민정의 [나를 지켜준 편지]다. 이 책이 계기가 되어 책방 선생님과 편지를 나누게 되었다. 책에 나오는 서랍 속 은빛 클립처럼 늘 어딘가에 담아두고 싶은 문장들이 참 많았다.

나는 유독 추위에 약하다. 내 몸 온도가 힘들어하는 겨울이 드디어 코앞에 왔다. 추위에 취약한 체력을 가졌지만 옷장 속에는 코트만 있고 패딩 점퍼 하나 없다. 추위도 패딩 점퍼가 주는 온도보다 코트가 주는 매력이 늘 이긴다. 코트를 어떻게 입든 패딩보다는 추워 보여서 주변인들을 본의 아니게 힘들게 하는 것이 여러 해다. 올해는 기필코 패딩조끼라도 하나 사보려고 인터넷 쇼핑몰을 기웃거리다 결국 사고 싶었던 책을 결제하고 말았다. 추위와 잔소리를 얻었고 시모어 번스타인, 앤드루 하비의 [시모어 번스타인의 말]을 얻었다. 따뜻함을 잃었고 책을 샀다는 말보다 좋았다. 잔소리를 잘 견뎌볼 힘이 책 어딘가에 있을 것이다.

묻지도 따지지도 않고 집어 드는 책의 저자 중 한 사람은 바로 안도현 작가다. 나는 그의 문장 앞에서 언제나 무장해제가 된다. 그가 엮은 책 보다는 그가 쓴 책이 더 좋다. 내 못남도 드러내는 솔직함의 무게는 때로 마음에 큰 돌을 올려놓기도 하지만 그 덕에 덜어내어지기도 했었다. 안도현의 [네가 보고 싶어서 바람이 불었다]를 읽고 늘 그랬듯이 사람과 주변을 따뜻하게 바라보는 법을 많이 배웠다.

언젠가 화가 고흐의 삶에 매일 감정이 갱신하던 날. 도서관으로 달려가서 고흐가 동생 테오에게 쓴 편지를 모아 엮은 빈센트 반 고흐의 [반 고흐, 영혼의 편지]를 빌려 읽었다. 도서관에서 빌렸지만 반납하기 싫었던 책이었다. 누군가의 손때가 묻은 페이지가 고흐의 편지와 잘 어울렸다. 장기 연체자가 되어 전과자로 영원히 집 앞 도서관에 가지 못해도 소장하고 싶었던 고흐의 편지다. 고흐는 분명 화가였지만 시인이기도 했다. "타라스콩이나 루앙에 가려면 기차를 타야 하는 것처럼, 별까지 가기 위해서는 죽음을 맞이해야 한다. 죽으면 기차를 탈 수 없듯, 살아있는 동안에는 별에 갈 수 없다. 증기선이나 합승마차, 철도 등이 지상의 운송 수단이라면 콜레라, 결석, 결핵, 암 등은 천상의 운송 수단인지도 모른다. 늙어서 평화롭게 죽는다는 건 별까지 걸어간다는 것이지." 그 글을 훔치듯 읽을 수 있는 것은 분명 행운이다. 이런 문장이 가득한 편지를 받은 테오는 물론 슬프기도 아프기도 했겠지만 얼마나 행복했을까 생각한다.

책을 읽을 때에도 취향이 가동된다. 읽고 싶은 책만 읽으면 될 것 같지만 가끔 이상하게도 별로 마음이 동하지 않는 책을 읽게 되는 것이 독서다. 그럴 확률이 높은 책은 어쩔 수 없이 숙제하는 기분으로 읽는다. 하지만 책 속에 들어가면 나는 그야말로 아무것도 몰랐던 사람이 되어 모두 처음이 된다. 문장도 단어도 문장부호까지도. 책을 통해 알게 되는 사실, 진실, 누군가의 생각을 마주하다보면 왜 이제야 읽은 것인지 미안해지는 독서다. 그레타 툰베리, 스반테 툰베리, 베아타 에른만, 말레나 에른만의 [그레타 툰베리의 금요일] 환경을 지키기 위해 사회운동을 하지는 않지만 누군가는 그렇게 목소리를 내어주어서 미안하고 고마운 마음이 동시에 들었던 책이다. 이 책을 읽기 전과 읽은 후 내가 사는 지구와 우주와 하늘과 제로 웨이스트를 대하는 마음이 달라졌다. 어렴풋이 아는 것이 전부라고 착각한 마음이 미안했다. 당연하게 생각했던 '차를 타는 것'과 '비행기를 타는 것'으로 나비효과를 생각하게 될지 몰랐다. 여전히 세상에는 읽어야 할 책이 많고 모르는 것도 많다는 것을 한 번 더 느낀다.

책의 제목으로 내용을 판단하는 어리석은 실수를 할 확률이 높다. 브래디 미카코의 [아이들의 계급투쟁]이 그렇다. 아이들이 부대끼며 어른 사회의 그것을 흉내 내는 이야기겠지 했다가 머리를 한 대 맞았다. 생각보다 예상한 것보다 훨씬 더 큰 어른의 현실적 영향에 머리와 가슴이 무거워지고 먹먹해졌다. 아이들의 다름을 틀림으로 대할 때가 많다. 아이들에게 시간의 힘을 믿지 주지 못할 때가 얼마나 많은지. 어른의 잣대를 얼마나 들이대었는지 말이다. 영국의 교육 현실을 최대한 덤덤히 써 내려가는 저자의 마음이 느껴졌다. 아이는 결국 어른이 될 터이고 어른은 아이가 될 수 없음을 나는 우리는 왜 잊어버리는 것일까. 먼저 어른이 되었다는 사실만 가지고 다정하게 삶을 안내해 주는 어른이 되어야겠다고 생각해 본다.

좋은 책의 기준이 나름 있는데 그 심사 기준은 '글을 쓰고 싶게 만드는' '머리에 글상이 떠오르는' 문장이 많은 책이다. 나름 실패 없는 기준이다. 잊고 있던 느낌 혹은 기분이 떠오르게 하는 문장들이 많다면 더더욱. 사람도 비슷한 면이 발견되면 매력으로 느껴지듯 책도 그렇다. 무루의 [이상하고 자유로운 할머니가 되고 싶어]. 내 느낌이 틀리지 않다면 작가 무루 님에게서 앞으로 이런 문장을 계속 만나볼 수 있을 것이다. 공감의 기쁨과 위로의 결을 간직한 문장. 나 그리고 허락된 모든 사람에게 지금처럼 계속 살아가도 괜찮다고 현실적으로 말해준다. '나로 살아야 하는 일이 기쁨이 아닐 때 우리는 어떻게 해야 하는지' 조금은 알 것 같은 책이다.

사람과 공간. 그 가치를 여전히 고집하고 집중한다. 일상이 가능한 이유는 어쩌면 공간이 있기 때문일 것이다. 사람은 거짓말을 하고 숨기기도 하지만 공간은 그렇지 않다. 그래서 모든 순간에 의미를 두는 것은 아주 피곤한 일이지만 그럼에도 그 의미들 중에서 몇 가지를 골라내 증명하듯 기록하고 기억하는 일은 결코 피곤하지 않다. 사람과 공간이 만나 일어나는 일들에 시간까지 더해지니 더없이 괜찮았다고 앞으로도 계속 이어나갈 힘이 생긴다고 말한다. 이재성의 [길담서원, 작은 공간의 가능성]. 노선 변경 말고 노선 확인을 계속할 수 있어서 고마운 마음을 가졌던 책이다.

나는 소설에 쉽게 마음을 열지 못했다. 소설 차별주의자이고 산문 편애자다. 소설 한 편이 일생에 혹은 인생에 남는 것은 어릴 적이나 청년 즈음에나 해당한다고 생각해서인지. 소설을 자주 밀어냈다. 나와 소설 사이의 중매인은 책방 선생님이다. 소설을 힘들어하는 나에게 한 권씩 권해주셨는데 그 책들이 점점 누적되고 있고 나는 또 착실하게 읽어내었다. 어쨌든 그런 독서습관을 깨고 소설을 읽는다. 그 노력에 정점을 찍어준 소설! 델리아 오언스의 [가재가 노래하는 곳]. 카야와 습지 덕분에 소설과 오늘부터 연애 1일이다.

독일 남자 작가에게서 이런 감성과 문장이 나온다는 것이 놀랍다. 여름이라는 단어에 꽂혀서 선택한 내 비루한 취향이 다소 앞뒤가 맞지 않지만 제법 두꺼운 소설이라 큰맘 먹고 읽기 시작했다. 짧지 않은 단편들의 모음이었고 각각의 소설이 느낌이 달라서 한 명이 쓴 것이 아닌가 싶어 책의 표지를 계속 들춰보았다. [여름 거짓말], 이름도 어려운 베른하르트 슐링크 작가다.

어마 무시한 서사를 간직한 소설의 바탕에는 알고 보니 사랑이 있었다. 비록 그것이 착각이었거나 오해였거나 반전이었어도 아무튼 사랑이 아니라면 그렇게 길게 살아갈 수 없었을 것이다. 영화였다면 잔혹한 장면이 나왔을 때 눈을 감아버리면 되지만 책은 그게 안 된다는 것이 단점이다. 그럼에도 나는 눈을 크게 뜨고 그 장면들을 용기 있게 읽어내었다. 차무진의 [해인]. 숙지와 백한의 사랑이 자꾸만 다시 태어나서 아주 속이 상하는 거다. 사랑도 아프고 그때의 세상도 역시나 지금의 세상도 사랑 때문에 자주 아프다.

내용이 재미있을 것 같아서 단번에 고른 책이 알고 보니 소설이어서 실망이었다. 베로니크 드 뷔르의 [체리토마토파이]. 좋아하는 편지글로 된 에세이집이라고 착각했던 것이다. 뭔가 접해보지 못한 유럽에서 온 과일 같은 어감의 체리토마토는 우리가 '방울토마토'라고 부르는 것이지만 그 파이가 언제 등장하는지 궁금하기도 해서 무심히 읽어가다가 3~4페이지 간격으로 피식피식 웃음이 났고 62페이지 쯤 에서는 거의 깔깔거리며 웃고 있었다. 읽는 내내 가상의 인물 잔 할머니가 꼭 오래오래 살아계셨으면 하고 진심으로 바랐다.

 자다가도 문득 떠올리면 가슴 한편 어딘가가 찌르르하게 아파서 눈을 감아 버리는 사랑 이야기가 있다. 영화 '어톤먼트' 로비와 세실리아의 사랑이 그렇고 영화 '미 비포 유' 루이자와 윌의 사랑이 나에게 그렇다. 영화 속 허구의 인물은 그렇다 치고 실제 인물의 사랑 이야기는 절대 슬프면 안 될 것 같은데 백석과 자야의 사랑이 그랬다. 김자야의 [내사랑 백석]이다. 자야가 시인 백석을 그리워하며 쓴 이 책을 읽다가 밤을 새워 울었다. 눈물양의 최고치로 따지면 어릴 적 읽었던 김동화 님의 만화책 [아카시아]에서 아카시아가 물에 빠져서 죽었을 때 흘렸던 눈물인데. 책을 읽다가 우는 경우는 극히 드문데 가장 많이 울었던 책이다. 책장을 넘기면서 울고. 눈물이 눈물을 불러서 울었다. 이 책을 읽을 때만큼은 엄마가 죽는 것을 상상할 때보다 더 많이 슬펐다. 흘린 눈물로도 부족해서 가방에 넣어두었다가 자주 꺼내어 운다. 시인 백석과 그의 평생의 연인 자야의 이야기다.

말보다는 글이 쉽다

　　　　말보다는 글이 조금 더 쉽다. '글쓰기'가 어렵지 않다는 말이 아니다. 정리되지 않은 말 하느라 바보가 되기도 하고 실수가 많은 말을 쏟아내고 악역이 되기도 한다. 말하기 잘했다고 생각했던 적보다 말하지 않길 잘했다 생각한 적이 더 많다. 말을 잘하는 것도 어렵고 잘 말하는 것도 다 어렵다. 말이 많았던 하루의 끝에는 딱 그만큼의 후회가 있다. 가만히 되짚어 보는 마음이 힘들다면 꼭 그런 날이다. 말의 속도를 한 열 배쯤 줄여서 글을 썼다면 괜찮았을 것이다.

줄 노트에 말을 쓰고 휴대폰 메모장에 기록하고 블로그에 변명하고 sns에 토해낸다. 정말 쓰고 싶은 문장은 자꾸만 뒤로 밀려나고. 눈치채지 못하게 집어넣었다고 생각한 완벽한 문장은 삭제와 다시 쓰기를 반복하고 있다. 한 페이지를 가득 채웠던 문장들은 허무하게 한 줄이 되기도 한다. 구차하게 설명한 문장들은 결국 될 대로 되라는 불친절한 말줄임표가 되기도 한다. 때로는 감정의 해소용으로 때로는 감정의 보관

용으로 때로는 단순 기록용으로 내 삶의 무게를 담당하고 있는 글이다.

생각을 끄집어내어 문장이나 글을 만드는 것은 사실 뻔뻔함이 필요하므로. 내가 했던 말로 반성하는 것보다 타인에게 들었던 말로 힘든 마음을 추스르는 것에 시간을 더 쏟는다. 열정을 욕심이라고 비아냥대는 이에게 어떻게 잘 변명할 수 있으며. 의도적이라고 비난하는 사람에게 어떻게 잘 '말'할 수 있을까. 그도 나도 글로 썼다면 꽤 괜찮은 대화를 했을 것이다.

잔인했던 문장을 잡아다가 곱씹어 본 뒤 속뜻을 풀이한다. 줄을 긋고 별을 그린다. 접속사 부사 모두가 중요한 단서가 된다. 그렇게 상상 속에서 해부를 끝낸 말은 조금 덜 아프다. 그 문장에 합당한 문장을 '말'하지 못했던 시간을 돌려 하지 못했던 말을 해낸다. 꿈속에서는 아무 반항도 못하고 가위에 눌려도 이를 악물고 못 했던 말을 쏟아내고 글로는 받아 적는다. 글로 뒤통수를 때려 보는 거다. 글은 말보다 후회할 확률이 낮은 거다. 글보다 더 괜찮은 보호색이 없다. 이보다 더 무탈한 취미가 없다.

나는 왜 쓰는가를 생각해보면 답이 초라해지지만. 흔적이 남고 증거가 남는 글쓰기 말고 흔적도 증거도 없이 생각을 남기는 다른 방법은 없을까 생각해본다. 그럼에도 도망갈 구명이 없는 것처럼 글쓰기를 한다.

 글을 쓰면 하늘을 자주 올려다본다. 올려다보면 볼수록 부끄러워지는 것이 글쓰기다. 타인의 문장 앞에서는 여지없이 작아진다. 글 앞에서는 그렇다. 익명이 필요한 글쓰기다. 마치 녹음된 내 목소리를 듣고 고된 마음이 드는 것과 비슷하다. 아침이면 지난밤에 쓴 일기를 펼쳐보는 것이다. 어쩌면 글이 존재하는 우주 어디에서는 아주 꽤 오랫동안 이런 순간을 마주해야 함을. 시간을 되돌릴 수 없음이 다행이거나 불행이다.

 그래도 나는 글을 쓴다. 내가 쓴 활자가 지구상에 존재하는 또 다른 공해가 되지 않기를 바라면서. 글쓰기가 말하기보다 시간이 좀 많이 걸려서 다행이라고 생각한다. 에둘러 말하기보다 짧은 편지가 더 따뜻해서 다행이라고 생각한다. 글을 쓰면 힘이 생기고 쓰고 나면 결심하기가 조금 더 쉬워져서 그렇다. 그것을 다 증명하기가 벅차다. 그래서 현재형의 문장을 선호한다. 시제를 몰라서 그런 것이 아니라 시제를 선호하는 것이다.

 문장이 현재를 산다. 문장의 과거형은 어렵거나 아프고. 미래형은 능력 부족이다. 이런 글쓰기라도 할 수 있어서 다행인 일상을 산다.

글이 되는 말

말을 아끼면 글이 된다.
일상을 탈탈 털어 글을 만들어낸다.
말보다는 글로 숨는다.
하고 싶은 말을 꾹 참아내면
한 단락이 공으로 생긴다.
생각을 내버려 두었다가
밤이 깊을 때까지 기다리면
못생긴 소설 한 편이 된다.
솔직하지 못했던 말을
숨기듯 담아두면
글이 되어 앉는다.

영감을 얻기 위해 눈을 뜬다

　　　　　영감inspiration을 얻기 위해 아침에 눈을 뜬다. 영감을 얻기 위해 차를 마시고 책을 읽고 하늘을 올려다본다. 영감을 얻기 위해 요리를 하고 영감을 얻기 위해서 사람을 만나고 또 무언가를 만들고 손을 움직인다. 영감으로 인해 걷거나 차를 달리고 여행을 한다. 그래서 단어를 고민하고 옷을 골라 입는다. 영감으로 얻어진 것들로 삶의 모양을 그리고 일상에 배치한다. 영감이 곧바로 취향이 되기도 한다.
　영감을 얻기 위해 밤에 눈을 감고 머리로 글을 쓴다. 글을 쓰는 것은 또 다른 영감을 얻기 위한 연결고리이자 마음의 속도를 따라가지 못하는 기억력을 증명하기 위함이다.
　삶으로 마음으로 오래 단련된 언어와 영감은 그렇게 탄생하거나 조합된다. 시간적 물리적 사물들은 모든 사람이 공유하지만 내 호흡이 들어간 내 소유의 시각적 물리적 사물들 그리고 삶의 단어와 영감은 분명히 존재한다고 믿는다.
　영감으로 인해 나를 만들고 나를 세워간다. 마치 한 사람을 정의할 수 있는 문장의 그것처럼. 하나씩 야금야금 조금씩

천천히 공유하는 그 기록들이 증명할 것이다. 때로는 합리화로 때로는 스스로의 예외로 말이다.

  고집이 있는 것은 괜찮고 고집을 피우는 것은 안 괜찮다. 고집을 피운다고 그 뜻이 중요하고 존중할 가치가 있다고 느껴지지 않는다는 것을 안다. 취향으로 고집을 부리는 것은 더더욱 그렇다. 그래서 나는 그 영감이 공격당하는 것에 쉽게 나약해지곤 하는데 그것이 일상이다.

  일상이 흔들리는 것은 어쩌면 삶에서 꽤 자주 일어나는 것인데도 받아들이는 시간이 오래 걸리는 것이다. 그 고집에 차라리 굴복하고 빨리 항복한다. 그렇게 일상을 흔드는 요소는 사람이기도 하고 시간이기도 하고 현실이기도 한 그것들로 가장 영향을 크게 받는 것은 매번 '감정'이다. 사람 좋은 웃음으로 달관하지 못하는 것이 흠이다. 반복되는 것에 무뎌지는 것이 아니라 밀도만 높아질 뿐이다. 그러다 끝내 한계에 다다르면 이해를 저버리고 소유욕을 바닥에서부터 끌어올리는 빌런이 되어보기로 결심한다. 하지만 딱 그 이상도 그 이하도 결국은 이겨내지 못한다는 것을 알고 있다.

그렇게 지면 나쁜 경우의 수는 나도 모르게 몇 개쯤 지나갈 때가 많다. 그러니 괜찮다. 내 능력치를 모든 문제의 시발점이라 탓하며 보기 좋게 원점으로 돌려놓기도 하지만 어울리지 않는 옷을 입고 참아내는 것보다 편한 옷을 입고 포기하는 것이 최선이다. 예외는 없었다. 관심을 다른 쪽으로 돌려놓고 시간에게나 기대를 걸 것이다. 핑계는 많으나 도망갈 구멍은 그다지 많지 않다.

영감을 얻기 위해 아침에 눈을 뜨긴 하지만 그것을 지켜내는 일에는 서투르다. 용기란 자신의 이야기를 하는 것이라고 누군가는 말했지만 경쟁은 싫고 투쟁은 둘러 가고 목소리를 내는 것은 여전히 심장이 떨린다. 설득은 기대도 하지 않는다. 하지만 사실은 그래왔기 때문에 다행이라고 가슴을 쓸어내릴 때도 있다.

그럼에도 매일 반복적으로 주어지는 삶의 단어들. 영감을 주는 날씨와 소리와 고요와 공기가 있어서 가능한 일이다. 그럼에도 영감을 얻기 위해 눈을 뜨는 아침이 좋다. 그렇게 주어진 일상에 반응한다.

불면증

아무리 오래 눈을 감고 있어도
밤이 없어지지 않았다.

쉽거나 어려운

마음을 표현하는 방법을 아주 많이 알고 있다.
하지만 어떤 방법을 선택할 것인지를 고민하지 않고
할까 말까를 두고 고민한다.
많이 알고 있다고 모든 것이 가능하지는 않다.

좋은 말은 마음을 두드린다

좋은 말은 마음을 두드린다. 좋은 말은 보석 같아서 줄을 매달아 목걸이로 삼고 싶다. 가슴을 두드리는 말은 모아서 늘 내다보는 창에 잘 보이게 걸어두고 싶다. 마음이 다시 힘을 내었던 것은 늘 무심한 위로의 말 때문이었다. 인생의 변화 어디쯤에서 꼭 들었던 말은 책에서 찾아내 밑줄을 그어놓는다.

누군가 대신 용기 내어 해주는 말에는 백만 개의 별을 그려주고 싶다. 어떤 말은 꼭 기억하고 싶어서 알람으로 맞춰둔다. 좋은 말은 힘이 있어서 꽤 오랫동안 마음에 빛이 나게 할 것이다. 멋 부리지 않는 그 말이 참 예쁘다. 명언이 아니어도 눈물을 멈추게 할 것이다. 인생을 다독이는 그런 아름다운 말이 가득한 일상을 살고 싶다.

좋은 사람도 마음을 두드린다

       좋은 사람도 마음을 두드린다. 좋은 사람은 좋은 사람을 만나고 또 좋은 때를 만난다.

 가슴 한쪽에 오래도록 칼 하나가 돌아다니면 나는 마음이 약해져서 좋은 사람을 본능적으로 찾아내어 앉는다.
비난을 감수하는 따뜻한 마음 한 번. 유난스럽다 핀잔을 듣는 생각과 소신. 무덤에 갈 때까지 아무도 모를 배려와 헌신. 스스로의 단점 앞에서 기꺼이 내어놓는 진심.

 오래 보지 않아서 마음으로만 그리워하는 것이 유난스럽지 않은 사람. 누군가의 평생에 힘이 되는 문장 하나를 써내는 당신. 바람이 갑자기 차가워진 날에 예쁜 양말 한 켤레를 건네는 사람이고 따뜻한 라떼를 사주는 사람이다. 그렇게 마음을 두드리는 좋은 사람은 알려주지 않아도 찾아낼 수 있다.

 세상 속에서 그런 사람을 찾아내는 것이 모험이다. 그런 좋은 사람을 찾아내어 내 일상에 별처럼 수놓아본다.

당부1

침묵하는 것이 인내의 방법이라 생각하지 말 것.
지금까지 받은 사랑이 최소한의 호의라고 치부하지 말 것.
'피해자'로 만들어놓고 출발하지 말 것.
누구에게나 먼저 다가가는 것은 쉽지 않음을 알 것.
취향으로 타인과 나를 구분 짓지 말 것.
보이는 것만 믿고 이야기를 만들어내지 말 것.
어차피 다른 생각은 고려해볼 생각도 없음은 드러내지 말 것.
실수가 무엇인지 안다면 그때부터 시작할 것.
소통의 평범한 방법을 인정할 것.
시작하지도 않고 정리하지 말 것.

호기심 딱 그만큼 만이라도 타인의 삶을 존중할 것.
아는 것보다 모르는 것이 더 많음을 깨달을 것.
담아두지 말 것.
나중에 터뜨릴 계획이라면 더더욱 담아두지 말 것.
죽음 앞에서 자신하지 말 것.
방법이 다른 '사랑의 표현'을 받은 건 아닌지 돌이켜볼 것.
이제야 느낀 진심 앞에 누군가 마음에 걸릴 것.
그를 향해 당신도 진실한 눈물 한 방울쯤 허락할 것.

당부2

나쁜 카드를 내면 나쁜 카드가 돌아오고
좋은 카드를 내면 좋은 카드가 돌아온다.
누구나 나쁜 카드와 좋은 카드를 다 가지고 있다.
당신은 그러니까 좋은 카드를 낼 수 있다.

태풍이 몰고 온 비바람이 부는 오후

태풍이 몰고 온 비바람이 부는 오후에 나는 길을 나섰다. 작은 차를 몰아서 간 그곳에서 좋아하는 두 분과 마주앉아 도란도란 이야기를 나누었다. 책을 읽다 까무룩 잠이 들었다며 말간 얼굴을 하신 책방 선생님과 태풍 따위 무섭지 않다며 어묵탕이나 끓여 먹자 하시는 진달래상회 선생님이다. 나보다 어른인 두 분의 말은 확실히 한 마디 한 마디 모두 책갈피를 꽂아두고 싶은 문장이 많은 책 같다. 가슴을 두드리는 말을 하실 때는 손을 들어 잠깐만 기다려 달라고 말하고 수첩을 꺼내고 싶다. 어렵고 힘든 이 마음도 시간이 지나면 아무것도 아닌 일이 될 수 있을 것 같은 자신감이 생긴다. 호호 웃으시며 마음을 보여주시는 책방 선생님의 눈가와 무엇이든 괜찮다고 달래주시는 진달래상회 선생님의 낮은 목소리가 위로가 된다.

사람은 누구나 어른이 되지만 모두가 어른이 되지는 않는 것 같다. 자신의 감정을 예고 없이 예의 없이 드러내고 또 친절하지 않은 짧은 사과로 덮어버리는 세상 속에 산다.

그런 작고 좁은 세상 속에서 어리석게 반응하는 나도 살고 있다. 그런 마음이 위로받는다. 언젠가 나도 50살쯤 60살쯤 되었을 때는 지금의 두 분이 가진 여유와 혜안이 생기기를 바라본다. 계속 살아보아야겠다고 생각한다.
　세상에는 쉬운 일이 하나도 없지마는 그럼에도 포기하지 않고 계속해봐야겠다. 아무것도 하지 않으면 아무 일도 일어나지 않으니까.

당부3

행복이 전부가 아니어도
가끔 행복 하고 싶은 당신
행복은 상대적이지 않으니까.
누가 불행해야 내가 행복하고
누가 행복하다고 내가 불행한 건 아니니까.
하지만 당신이 행복에 이르는 것은 내 행복과 관련이 많다.
아프지만 조금 덜 아파서 행복하기를
조건이 다 갖추어지지 않아도 행복하기를
별것 아닌 것에 느닷없이 행복하기를
눈물은 나는데 마음은 왠지 행복하기를
분명 시간이 걸리겠지만 결국은 행복에 이르기를
당신이 행복하면 나도 행복하다는 것을 잊지 말길
같이 웃어줄 수 있는 사람이 진짜니까.
그런 당신에게 세상의 모든 말로 행복을 빈다.

비교적 하찮은 이유에 행복해하는 경향이 있다

　　　　비교적 하찮은 이유에 자주 행복해하는 경향이 있다. 내일 먹을 아침 반찬과 입을 옷이 정해지면 그게 그렇게 마음이 안정되고 편안할 수가 없다. 어떤 선택이든 정해지면 고민의 시간에서 벗어나는 것일 테고 나는 그것이 자못 행복한 것이다. 옷장 문을 여는 일과 냉장고 문을 여는 일이 크게 다르지 않다. 하루 전 날 정해지는 밥과 옷차림 일지라도. 겨울에는 따뜻한 이불과 김이 나는 차 한 잔이면 된다. 책상 앞에 붙여놓은 11월 달력 옆에 12월 달력을 붙여놓으니 아직 한 해가 길게 남았다는 것을 깨닫고 이내 행복해진다.

　미루었던 일을 해내고 하고 싶었던 일을 기억해 내고 다짐해도 안 되는 일들을 꺼내놓는다. 몇 개의 행복한 기억으로 힘들 수밖에 없는 삶을 버텨보기도 하는 거다. 가끔 치열하다고 해서 크게 문제 될 것은 없으니까 괜찮다. 눈 뜨고 사는 하루하루가 어떤 날은 도둑같이 지나가고 어떤 날은 시인처럼 느리고 더디고 아프다.

　잘 살아내려고 그런 것이라고 생각해보면 하나도 절망적

이지 않다. 지나보면 행복한 이유가 불행한 이유보다 앞서는 날보다 두 가지가 같은 숫자를 기록하는 날이 진짜 잘 살았다 하는 날이었다. 오늘 하루도 수고했다고 씩씩하게 토닥일 수 있는 날이다. 해의 길이와 달의 길이와는 상관없이 그제야 하루가 끝난다. 하찮은 일로 하찮게 행복하고 하찮은 것으로 꿈꾸는 날이 비로소 편안한 나의 날이다.

머리의 기억력은 믿을 수 없을 만큼 나쁘고

　　　　　머리의 기억력은 믿을 수 없을 만큼 나쁘고 마음의 기억력은 믿을 수 없을 만큼 좋은 편이다. 대체로 기억해야 할 것은 잘 잊어버리는 편이고 기억하지 않아도 될 것은 또렷하다. 머리와 마음의 차이다.
　마음에 다짐하고 덮어두었던 것도 다시 새것같이 일어난다. 분명 딱지가 앉았던 것도 다시 쓰라린다. 그런 것에 조금씩 지쳐가고 있다. 내가 더 아픈지 그가 더 아픈지를 곱씹어 본다. 그래서 내가 더 아프다고 생각하면 이긴 것 같고 그가 더 아프다고 생각하면 내가 진 것 같다. 더 아픈 쪽이 이기는 건 다분히 자기방어적 해석이다. 아무도 모른다. 말하기 전까지 속은 아무도 모른다. 눈빛으로는 부족하고 침묵은 위험하며 행동은 오해를 부를 확률이 높다.
　하루만 지나도 아니 한 시간만 지나도 아니 일 분만 지나도 순간은 '기억'이 되니까 좀 부지런하게 정리한다. 순간의 감정을 믿지 않으며 즉흥적인 호의를 믿지 않으며 갑작스러운 변화를 믿지 않는다. 믿지 않아서 편한 것도 있다. 의도치 않

앉다고 하는 말에는 의도가 다분히 있다는 뜻이고 의도가 있다고 시작하는 말에는 강제적인 불편함이 있기 때문이다. 괜찮다고 말하고 속으로는 수 백 가지의 말을 삼키며 굳이 표현하지 않는 것은 나에게서 이유를 찾으면 자존감이 낮아서일까 봐. 당신에게서 이유를 찾으면 이기적 일까 봐 그런 거다. 했어야 할 말이 한참 뒤에야 생각나는 건 속에 있는 말이란 항상 이렇게 재빠르지 않고 굼뜨기 때문이다.

모두가 상처받지 않으려고 애를 쓰고 상처 주지 않으려고 조심한다. '영원히 곁에 있어 달라'는 말을 튀김우동이 다 익을 때까지만 내 곁에 있어달라고 노래하는 그 가사처럼 우리 다 그럴 수는 없을까.

말은 머리에 남고 순간은 가슴에 남아 마음이 쪼그라들지만 멈추고 돌아본다. 마음이 원래 좀 그렇다. 일으켜 세워 마음에 힘이 좀 들어갈 때까지 기다리면 그때도 늦지 않았다. 다짐대로 되지 않을 것을 아는 마음의 시행착오를 아니까.

일상은 기적이다

일상은 기적이다. 조금만 열어두면 매일 기적이 일어난다. 분주함 속에서 본질을 잃지 않고 나와 일상을 잘 지켜내기란 쉬운 일이 아님을 안다.

살다가 가끔 보이지 않는 벽에 부딪힐 때가 있다. 그렇게 벽을 만날 때면 사유만 유일하고 활발하다. 그래서 시를 쓰고 그리워하다 잠들기에는 가을이 좋고 뒤집어쓰고 울기에는 겨울이 좋다. 시간으로 숨 고르기를 하고 시간으로 겨우 살아간다. 그래도 살아갈 적당한 이유를 찾지 못하거나 혹은 계속 찾는 중이라서 잠깐 멈추어질 때가 있다. 그렇게 멈추어지는 일상의 동면기에는 모든 것이 느릿하거나 힘을 잃는다.

분명 화가 날 일을 앞에 두고 사기가 떨어져서 눈을 감아버리거나 역동적으로 외출 준비를 했다가도 생각 하나에 쉽게 의욕을 잃고 다시 눕기도 한다. 누군가 버릇처럼 챙겨주는 나의 안부는 그때부터 한없이 불안하고 외로워진다. 누군가의 안부를 물어볼 수 있다는 것은 당연한 일 같지만 당연하지 않을 경우가 종종 있다. 오늘을 잘 살아내고 내일을 잘

준비하는 사람만이 그리고 나 스스로를 잘 챙기고 주변도 잘 채기는 사람만이 누릴 수 있는 '안부'인 것이다.

　큰 행운을 바라는 것이 아니라 소소한 일상만으로도 마음이 벅찬 순간을 몇 번쯤 겪어내고 나면 나는 어느새 행복하다고 말하고 있었다. 시인 나희덕의 '푸른밤'의 길을 찾아서 일상 속을 헤집고 다닌다. '너에게로 가지 않으려고 미친 듯 걸었던 그 무수한 길'을 생각으로 걷고 또 걷는다. 사람이기도 하고 일이기도 하고 장소이기도 감정이기도 한 길이다. 걷다 보면 답을 만나기도 하고 답이 피해 가기도 한다. 그래도 멈추지 않아야 할 것이 일상이고 쉽게 멈출 수 없는 것도 일상이다. 그러다 보면 하루가 가고 일주일이 가고 한 달이 간다. 어느새 일 년이 훌쩍 지나버렸다고 문득 생각이 들 때는 잘 살아낸 거다. 매일매일 눈뜨는 하루의 프롤로그가 그렇고 에필로그가 그렇다.

몸은 마음을 따라가는 법인데 마음은 좀체 바지런하지 못하다. 몸의 기억력이 마음의 기억력보다 때로 강한 편이어서 저절로 뒷걸음질한다.

경솔해서 기분을 맞춰주지 못한 내 말에 토라지지 않고 다음날 아침에 띵동 문자를 보내는 그 사람이 기적이다. 모르는 것 같았는데 내 속으로만 곱씹던 단어들을 그 사람의 말로 듣게 되는 것도 어마어마한 기적이다. 오래 살고 볼 일이라는 말을 할 뻔했으니 기적이다.

하기로 결심한 '하기 싫은 한 가지' 보다 하지 않기로 결심한 '하고 싶었던 아홉 가지' 때문에 마음이 힘을 얻는 것을 전혀 예상하지 못하는 것이 기적이다. 어젯밤에는 분명 보기 싫어서 구겼던 문장이 아침에는 꽤 괜찮아 보이는 것이 기적이다. 쓰레기통에 넣지 않길 잘했다.

언제나 마음을 앙다물고 잘못을 빌던 아이가 마음을 어루만져 주는 문장으로 용서를 구할 때가 있으니 기적이다. 역시 오래 버티는 자가 이기는 것인가. 감기약을 털어 넣고 긴 꿈을 꾸고 일어나면 아프지 않은 것이 어쩌면 기적이다. 병원에 입원해야겠다고 엄살을 피웠는데 잘했지.

피아노 학원에 싫은 듯 다니던 아이가 어느 날에는 생상스의 '죽음의 무도'를 연습하는 것이 기적이다. 양쪽 손이 따로 움직이는 것은 처음부터 기적이라고 생각했었다. 책에서 다음 여행지를 찾아내고야 마는 것이 기적이다. 도저히 혼자 머리로는 알 수 없는 곳이다. 여행이라고 제목 정하고 가면 뻔한 우리 동네라도 모든 골목이 다 처음 같다.

계절은 이미 누가 뭐라고 해도 가을이다. 가을볕이 뜨거워야 한다고 했다. 그래야 추수를 앞둔 벼 이삭이 단단하게 여문 다고도 했다. 쌀도 고구마도 사과도 다 기적이다. 시간의 흐름대로 잘 여물어 가는 것이 참 기적이다. '시간'은 야박한 것 같았지만 알고 보니 '시간'만큼은 후하다. 가질 수 없지만 가질 수 없음이 슬프지 않아서 기적이다.

그럭저럭 지내는 나의 안부가 당신에게 다행이기를 또한 여전히 잘 지내는 당신의 안부가 나의 기쁨이길 바라고 바란다. 나에게는 상관없는 일들이. 나는 알지도 못하는 일들이. 사실은 매일매일 반복되고 있다. 일일이 기적이라고 말하기도 힘들 만큼 사는 일이 그렇다. 그걸 가끔 잊어버리니 이해할 수 없는 일들이 너무나 많다고 생각할 것이다. 그러니 괜찮다. 매일이 기적인 것치고는 쉽게 잘 살고 있는 거다.

당부4

지금 어디에 있든지 당신.
가만히
문득 행복하기를.

에필로그

다 증명하기가 벅차지만
눈빛에 쉽게 반하고 말에 눈치 보며
문장으로 가볍게 사랑하고
글로 무겁게 돌아옵니다.
마치 나무를 키우고 꽃을 돌보듯
누군가 마음을 토닥여주기를 오래 기다려보다가
쉽게 다가가기도 합니다.
마음의 다짐은 가끔 허사가 되지만
되도록 친절하게
가능하다면 솔직하게
최선을 다해 귀찮게
그리고 지나치게 감성적으로
할 수 있다면 마음을 다해 진심으로
아직은 단단하게 나아가고 있습니다.
그렇게 일상으로 닿겠습니다.

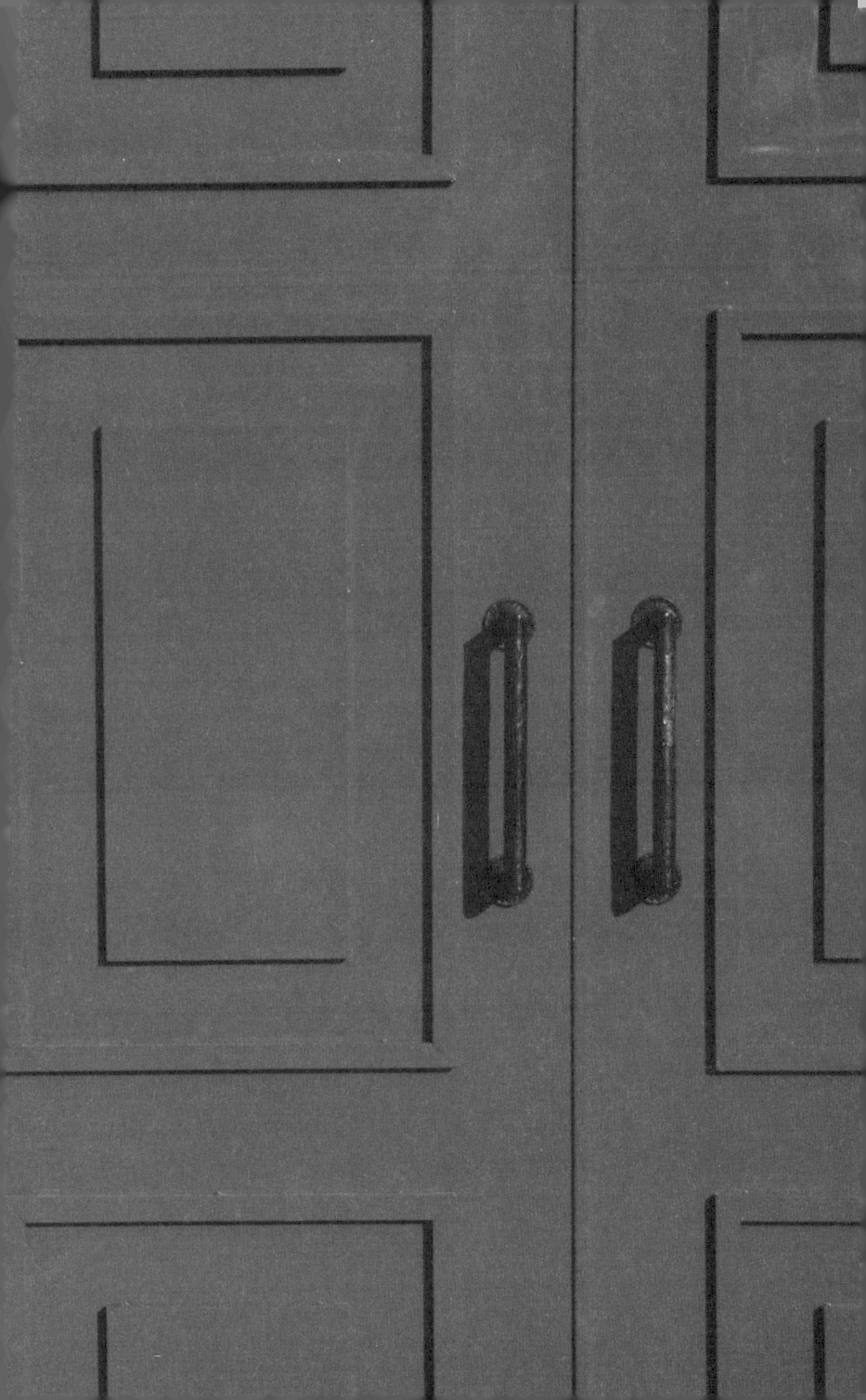

책방list▶

오래된 미래 /당진시 면천면 동문1길 6

단비책방 /세종시 전의면 비암사길 75

책방세간 /충남 부여군 규암면 자온로 82

가가책방 /공주시 당간지주길 10

블루프린트 /공주시 제민천1길 55

책방토닥토닥 /전주시 완산구 풍남문2길 53 남부시장 2층

조용한흥분색 /군산시 미원동 315

국자와 주걱 /인천 강화군 양도면 강화남로 428번길 46-27

생각을 담는 집 /용인시 처인구 원삼면 사암로 59-11

브로콜리 숲 /수원시 팔달구 화서문로 32번길 21-10, 2F

아르카북스 /평택시 현덕면 덕목5길 122-11

손목서가 /부산시 영도구 흰여울길 307

사이시옷 /광주시 서구 화정로 260번길 9

*실제로 방문한 책방입니다. 전국에 더 많은 책방이 있습니다.

일상감성

ⓒ윤선미, 2020

초판 1쇄 발행일 2020년 12월 30일

글/사진 윤선미
편집/디자인 윤선미
펴낸이/윤선미

펴낸곳 가름솔 출판사

출판등록 2020년 12월 9일 제 568-2020-000008호

이메일 jinsim25@naver.com

인스타그램 @veryseeds

ISBN 979-11-973066-0-0(03800)

이 책은 저작권법에 의하여 보호를 받는 저작물이므로 무단 전재와 복제를 금합니다.
이 책 내용의 전부 또는 일부를 사용하려면 반드시 저작권자의 동의를 받아야 합니다.

이 도서의 국립중앙도서관 출판예정도서목록(CIP)은 서지정보유통지원시스템 홈페이지
(http://seoji.nl.go.kr)와 국가자료종합목록 구축시스템(http://kolis-net.nl.go.kr)에서
이용하실 수 있습니다. (CIP제어번호 : CIP2020053658)